Usmonov Makhsud

Translation of the book Destination B1, B2, C1 & C2 into Uzbek

© Usmonov Makhsud

Translation of the book Destination B1, B2, C1 & C2 into Uzbek

By: Usmonov Makhsud

Edition: March '2024

Publisher:

Taemeer Publications LLC (Michigan, USA / Hyderabad, India)

ISBN 978-93-5872-173-7

9 789358 721737

© Usmonov Makhsud

Book	:	Translation of the book Destination B1, B2, C1 & C2 into Uzbek
Author	:	Usmonov Makhsud
Publisher	:	Taemeer Publications
Year	:	'2024
Pages	:	96
Title Design	:	*Taemeer Web Design*

Translation of the book Destination B1, B2, C1&C2 into Uzbek.

The Uzbek translation of this book "Destination B1, B2, C1&C2" translated by USMONOV MAKHSUD opens up new opportunities for students who want to improve their English language skills. Originally designed for English language learners, this comprehensive language study series provides a structured and engaging approach to developing language skills at B1, B2, C1 and C2 levels.

The translated book contains many resources and exercises tailored to the needs of Uzbek-speaking students. It covers different aspects of language acquisition, including grammar, vocabulary, reading comprehension, listening, writing and speaking practice. The book includes authentic and relevant material to ensure students are exposed to real-life language use and cultural contexts.

With clear explanations, interactive exercises and practical examples, the translated version of "B1, B2, C1&C2 Address" aims to facilitate language learning and development for Uzbek-speaking students. It provides a structured and structured framework that guides students through progressively challenging language tasks, helping them to develop their language skills and move confidently at appropriate proficiency levels. allows.

By providing this valuable language learning resource in Uzbek, students can benefit from studying in their native language and benefit from a comprehensive and well-designed learning tool. The translated book is a bridge between English and Uzbek-speaking students, supporting their language development, cultural understanding and general communication skills.

Whether used in formal language learning settings, independent learning environments, or as a supplemental resource, the Uzbek translation of Destination B1, B2, C1&C2 will help Uzbek speakers expand and expand their access to language learning opportunities. English proficiency is higher.

Translation of the book Destination B1, B2, C1&C2 into Uzbek.
Book B1
Unit 3. Fun and games

beat - yutmoq, mag'lub qilmoq
board game - taxtali o'yin
captain - kapitan
challenge - da'vat etmoq
champion - chempion
cheat - aldamoq
classical music - klassik musiqa
club - klub
coach - murabbiy
competition - musobaqa
concert - konsert
defeat - mağlub qilmoq
entertaining - ko'ngilochar
folk music - xalq go'shig'i
group - guruh
gym - zal
have fun - yayramoq
interest - qiziqmoq, qiziqish
member - a'zo
opponent - raqib
organise - tashkillashtirmoq
pleasure - rohat
referee - sudya, hakam
rhythm - ritm
risk - tavakkal qilmoq
score - natija korsatmoq, natija
support - qo'llab-quvatlamoq

team - jamoa
train - shug'ullanmoq
video game - video o'yin
carry on - davom etmoq
eat out - restoranda ovqatlanmoq
give up - to'xtatmoq
join in - qo'shilmoq
send off - chetlatmoq (masalan, futbolda o'yinchini chetlatmoq)
take up - boshlamoq (masalan, hobby yoki biror sportni boshlamoq)
turn down - pasaytirmoq (ovozni)
turn up - ko'tarmoq (ovozni)
for a long time - ko'p vaqtdan beri
for fun - ko'ngilxushlik uchun
in the middle (of) - ...ning o'rtasida
in time (for) - ...uchun vaqtida
on CD/DVD/video - CD/DVD/videoda
on stage – sahnada
act - harakat qilmoq
action - harakat
(in)active - (no)faol
actor - aktyor
athlete - atlet
athletic - atletik
athletics - atletika
child - bola
children - bolalar
childhood - bolalik
collect - yig'moq
collection - kolleksiya

collector - yig'uvchi
entertain - ko'ngilxushlik qilmoq
entertainment - ko'ngilxushlik
hero - qahramon
heroic - qahramonlarcha
heroine - qahramon ayol
music - musiqa
musical - musiqiy
musician - musiqachi
play - o'ynamoq
player - o'yinchi
playful - o'yinqaroq
sail - suzmoq
sailing - suzish, dengiz safari
sailor - dengizchi
sing - kuylamoq
sang - sing fe'lining o'tgan zamon shakli
sung - sing fe'lining past participle
shakli
song - kuy
singer - kuylovchi, qo'shiqchi
singing – kuylash
adjectives
bored with - ...dan zerikkan
crazy about - ...ning ashaddiy muhlisi
good at - ...da yaxshi
interested in - ...ga qiziqmoq
keen on - ...ga qiziqmoq
popular with - ...bilan mashhur
verbs
feel like - xohlamoq
listen to - tinglamoq
take part in - qatnashmoq
nouns
a book (by sb) about - ...haqida kitob
a fan of - ...ning muhlisi
a game against - ...ga qarshi o'yin
Destination B1
Unit 6. Learning and doing
achieve - erishmoq
brain - miya
clever - aqlli
concentrate - fikrni jamlamoq

consider - deb hisoblamoq
course - kurs
degree - daraja
experience - tajriba qilmoq, tajriba
expert - ekspert, o'z ishini ustasi
fail - muvaffaqiyatsizlikka uchramoq
guess - tahmin qilmoq, tahmin
hesitate - ikkilanmoq
instruction - qo'llanma
make progress - yuksalmoq
make sure - ishonch hosil qilmoq
mark - baholamoq, baho
mental - aqliy
pass - imtihondan o'tmoq
qualification - tajriba, malaka
remind - eslatmoq
report - hisob bermoq, hisobot
revise - qaytadan ko'rib chiqmoq
search - qidirmoq
skill - mahorat
smart - aqlli
subject - fan
take an exam - imtihon topshirmoq
talented - talantli
term - termin
wonder – hayratlanmoq
cross out - biror yozilgan yozuvni
o'chirmoq (masalan, mana bunday)
look up - qidirmoq (asosan, lug'atdan
so'z qidirmoq)
point out - ta'kidlamoq
read out - ovoz chiqarib o'qimoq
rip up - yirtmoq
rub out - o'chirmoq (o'chirg'ich bilan)
turn over - o'girmoq
write down – yozmoq
by heart - yurakdan
for instance - masalan
in conclusion - xulosada
in fact - aslida
in favour (of) - qo'llamoq
in general - umuman olganda
begin - boshlamoq

begc - begin fe'lining o'tgan zamon shakli

begun - begin fe'lining past participle shakli

begnner - boshlovchi

beginning - boshlanish

brave - jasur

bravery - jasurlik

correct - to'g'ri

correction - to'g'rilik

incorrect - noto'g'ri

divide - bo'lmoq, taqsimlamoq

division - taqsimlash

educate - ta'lim bermoq

education - ta'lim

instruct - ko'rsatma bermoq

instruction - ko'rsatma

instructor - intruktor

memory - xotira

memorise - yodlamoq

memorial - haykal, yodgorlik

refer - ma'lumot bermoq

reference - ma'lumotnoma

silent - tinch

silence - tinchlik

silently - tinch holatda

simple - sodda

simplify - soddalashtirmoq

simplicity – soddalik

adjectives

capable of - ...ga qobiliyatli

talented at - ...da talantli

verbs

cheat at/in - ...da aldamoq

confuse sth with - ...bilan chalkashtirmoq

continue with - ...bilan davom etmoq

cope with - uddalamoq

help (sb) with - ...bilan yordam bermoq

know about - ...haqida bilmoq

learn about - ...haqida o'rganmoq

succeed in - ...da muvaffaqiyat qozonmoq

nouns

an opinion about/of - ...haqida fikr

a question about - ...haqida savol

Destination B1

Unit 9. Coming and going

abroad - chet el

accommodation - turar joy

book - kitob, (fe'l bo'lib kelganda buyurtma qilmoq)

break - sindirmoq, (ot bo'lib kelganda tannaffus)

cancel - bekor qilmoq

catch - tutmoq

coach - turistik avtobus

convenient - qulay

crash - avariya

crowded - tiqilinch

cruise - katta kema

delay - kechiktirmoq

destination - manzil

ferry - solsimon katta kema

flight - uchish

foreign - chet ellik

harbour - bandargoh

journey - sayohat

luggage - bagaj, yuk

nearby - yaqinida

pack - joylamoq

passport - pasport

platform - platforma

public transport - jamoat transporti

reach - yetib olmoq

resort - kurort

souvenir - suviner

traffic - tiqilinch (moshinalarga nisbatan)

trip - sayohat

vehicle – transport

get in (to) - mashinaga minmoq

get off - avtobus, poyezddan tushmoq

get on (to) - avtobus/poyezd ga chiqmoq

get out (of) - mashinadan tushmoq, binodan/xonadan chiqmoq

go away - biror joyni tashlab ketmoq yoki odamni

go back (to) - ortga qaytmoq

set off - sayohatni boshlamoq

take off - yerdan ko'tarilmoq (samalyotga nisbatan)

by air/sea/bus/car - havo/dengiz/avtobus/moshina orqali

on board - qayiqda

on foot - piyoda

on holiday - ta'tilda

on schedule - jadvalda

on the coast - qirg'oqda

attract - maftun qilmoq

attractive - maftunkor

attraction - o'ziga jalb qilishlik

back - orqa

backwards - orqaga

choose - tanlamoq

choice - tanlov

comfort - qulaylik

comfortable - qulay

uncomfortable - noqulay

depart - jo'nab ketmoq

departure - jo'nash

direct - yo'l ko'rsatmoq

direction - yo'nalish

drive - haydamoq

drove - drive fe'lining o'tgan zamon shakli

drown - drive fe'lining past participle shakli

driver - haydovchi

fly - uchmoq

flew - fly fe'lining o'tgan zamon shakli

flown - fly fe'lining past participle shakli

flight - uchish

travel - sayohat

traveller - sayohatchi

visit - tashrif buyurmoq

visitor - tashrif buyuruvchi

adjectives

close to - ...ga yaqin

famous for - ...bilan mashxur

far from - ...dan uzoq

late for - ...uchun kechikmoq

suitable for - uchun mos

verbs

arrive at - ...ga yetib kelmoq (asosan aeroportga)

arrive in - ...ga yetib kelmoq (asosan, shahar/davlatlarga)

ask sb about - ...kimdur haqida so'ramoq

ask for - so'ramoq

look at - ...ga qaramoq

prepare for - ...uchun tayyorlanmoq

provide sb with - kimnidur ..bilan taminlamoq

wait for - ...uchun kutmoq

Destination B1

Unit 12. Friends and relations

apologise - kechrim so'ramoq

boyfriend - do'st, oshna

close - yopmoq, (sifat bo'lib kelganda - yaqin)

confident - o zigan ishongan

cool - sovuqqon, zo'r

couple - juft

decorate - bezatmoq

defend - himoya qilmoq

divorced - ajrashgan

flat - yassi

generous - sahiy

girlfriend - do'st, dugona

grateful - minnatdor

guest - mehmon

independent - mustaqil

introduce - tanishtirmoq

loving - suyukli

loyal - vafodor

mood - kayfiyat

neighborhood - mahalla

ordinary - oddiy

patient - sabrli

private - shaxsiy
recognise - tanimoq
relation - aloqa
rent - ijaraga olmoq
respect - hurmat, hurmat qilmoq
single - yakka , bo'ydo'q
stranger - notanish
trust – ishonmoq
bring up - voyaga yetkazmoq
fall out with - urushmoq
get on with - yaxshi kelishmoq
go out with - ...bilan do'st
grow up - o'smoq (katta bo'lmoq)
let down - ko'ngilni qoldirmoq
look after - g'amxo'rlik qilmoq
split up - ajrashmoq, munosabatlarning
tugashi
by yourself - o'zi tomonidan
in common with - ... bilan o'xshash
tomoni bo'lmoq
in contact with - ...bilan aloqaga
chiqmoq
in love with - ...bilan sevgi munosabatida
on purpose - ataylab
on your own - o'zi tomonidan
able - qila olmoq
ability - qobiliyat
disabled - nogiron, majruh
unable - imkoniyatsiz
admire - zavqlanmoq
admiration - zavq
care - e'tibor Bermoq
careful - e'tiborli
careless - e'tiborsiz
confident - o'ziga ishongan
confidence - o'ziga ishonch
forgive - kechirmoq
forgiveness - kechrish
honest - halol, vijdonli
dishonest - vijdonsiz
honesty - vijdon
introduce - tanishtirmoq
introduction - kirish

lie - yolg'on gapirmoq
liar - yolg'onchi
person - odam
personality - shaxsiyat
personal - shaxsiy
relate - munosabat qilmoq
relative - qarindosh
relation - aloqa
relationship – munosabat
adjectives
fond of - ...ning Ishqibozi
jealous of - ...ni rashk qilmoq
Kind to - ...ga mehribon
married to - ...ga uylangan yoki
turmushga chiqan
proud of - ...dan fahrlanmoq
verbs
admire sb for - kimnidir ...uchun
qadrlamoq
apologise (to sb) for - kimdirdan ...uchun
kechirim so'ramoq
argue (with sb) about - kimdir bilan
...haqida tortishmoq
care about - ...haqida qayg'urmoq
chat (to sb) about - kimdir bilan ...haqida
suhbat qilmoq
nouns
an argument (with sb) about - kimdir
bilan ...haqida bahs
relationship with - ...bilan munosabat

Destination B1

Unit 15. Buying and selling

advertisement - reklama
afford - qurbi yetmoq
bargain - savdolashmoq
brand - brend
catalogue - katalog
change - o'zgartirmoq (ot bo'lib
kelganda mayda pul)
coin - tanga
cost - narxga nisbatan turmoq
customer - xaridor
debt - qarz

demand - talab qilmoq

export - eksport qilmoq

fee - kontrakt

fortune - boylik

import - import qilmoq

invest - pul kiritmoq

obtain - erishmoq

owe - qarz bo'lmoq

own - ega bo'lmoq

profit - foyda

property - mol-mulk

purchase - sotib olmoq

receipt - kvinatsiya

require - talab qilmoq

sale - skidka

save - saqlamoq

select - tanlamoq

supply - ta'minlamoq

variety - turli-tuman

waste - isrof qilmoq

add up - jamini topmoq

come back - qaytib kelmoq

give away - berib yubormoq (bepul)

hurry up - shoshilmoq

pay back - pulni qaytarmoq

save up for - biron bir maqsadda pul to'plamoq

take back - olgan joyiga qoyib qo'ymoq

take down - pastga qo'ymoq

by credit card/cheque - kredit karta/chek orqali

for rent - ijara uchun

for sale - skidkada

in cash - naqd pulda

in debt - qarzda

in good/bad condition - yaxshi/yomon holatda

add - qo'shmoq

addition - qo'shimcha

afford - qurbi yetmoq

affordable - sotib olsa bo'ladigan

compare - solishtirmoq

comparison - taqqoslash

decide - qaror qilmoq

decision - qaror

expense - harajat

expensive - qimmat

judge - muhokama qilmoq

judgement - hukm

serve - xizmat qilmoq

service - xizmat

servant - xizmatkor

true - rost

truth - haqiqat

untrue - noto'g'ri

truthful - rostgo'y

use - foydalanmoq

useful - foydali

useless - foydasiz

value - qadr-qimmat

valuable – qimmatli

adjectives

wrong about - haqida noto'g'ri fikrda bo'lmoq

verbs

belong to - ...ga tegishli bo'lmoq

borrow sth from - ...dan nimanidur olib turmoq

buy sth from - ...dan nimanidur sotib olmoq

choose between - ...bittasini tanlamoq

compare sth with - biron narsani ...bilan solishtirmoq

decide on - ...haqida qaror qabul qilmoq

lend sth to - biron narsani ...ga berib turmoq

pay for - uchun to'lamoq

spend sth on - nimadur ustida vaqt sarflamoq

nouns

an advertisement for - ...uchun reklama

Destination B1

Unit 18. Inventions and discoveries

artificial - sun'iy

automatic - avtomatik

complicated - qiyin

decrease - kamaymoq
digital - raqamli
discover - kashf qilmoq
effect - natija
equipment - jihoz
estimate - qadrlamoq
exact - aniq
experiment - tajriba
gadget - uskuna
hardware - kompyutez jihozi
invent - ixtiro qilmoq
involve - ichiga olmoq
laboratory - laboratoriya
lack - kam bo'lmoq
laptop - kichik kompyuter
maximum - eng yuqori daraja
minimum - eng past daraja
operate - boshqarmoq
plastic - plastik
program - programma
research - tadqiqot
run - yugurmoq 2. biror biznesni
yurgazmoq
screen - ekran
software - ma'lum vazifani bajaruvchi
kompyuterda ishlatiladigan programma
sudden - to'satdan
technology - texnologiya
unique – antiqa
break down - buzilmoq
come across - duch kelmoq
find out - bilmoq, aniqlashtirmoq
make up - bahona to'qimoq
pull off - urib sindirmoq
throw away - uloqtirmoq, tashlamoq
turn off - o'chirmoq
turn on – yoqmoq
at last - oxiri, va nihoyat
by chance - to'satdan
in my opinion - fikrimcha
in the end - oxirida
in the future - kelajakda
out of order - ishdan chiqqan

boil - qaynamoq
boiler - qaynatgich
boiling - qaynash
chemist - kimyogar
chemical - kimyoviy
chemistry - kimyo
conclude - xulosa qilmoq
conclusion - xulosa
examine - imtihon qilmoq
exam(ination) - imtihon
examiner - imtihon oluvchi
fascinate - jalb qilmoq
fascination - jalb qilish
fascinating - jalb qiladigan
history - tarix
historic - tarixiy
historian - tarixchi
identical - o'xshash
identically - o'xshash tarzda
long - uzun
length - uzunlik
measure - o'lchamoq
measurement - o'lchov
science - fan
scientist – olim
adjectives
different from/to - ...dan boshqacha
full of - ...ga to'la
verbs
begin sth with - biron narsani ...bilan
boshlamoq
connect sth to/with - biron narsani ...ga
ulamoq
disconnect sth from - biron narsani
...dan uzmoq
fill sth with - biron narsani ...bilan
to'ldirmoq
result in - natijasi
nouns
a difference between - ...o'rtasidagi farq
an idea about - ...haqida fikr
a number of - bir qancha
a reason for - ...uchun sabab

a type of - ...ning turi

Destination B1

Unit 21. Sending and receiving

accent - aksent

announcement - e'lon

broadcast - radio eshittirish

channel - kanal

clear - toza , tushunarli

click - bosmoq

contact - aloqa qilmoq

file - fayl

formal - rasmiy

image - surat

informal - norasmiy

internet - internet

interrupt - halal bermoq

link - silka

media - media

online - onlayn

pause - to'xtatmoq

persuade - ko'ndirmoq, ishontirmoq

pronounce - talaffuz qilmoq

publish - bosib chiqarmoq

report - sharhlamoq,hisobot

request - so'rov

ring - jiringlamoq

signal - signal

swear - qasam ichmoq, so'kinmoq

type - yozmoq (klaviaturada)

viewer - tomoshabin

website - vebsayt

whisper – pichirlamoq

call back - qayta qo'ng'iroq qilmoq

come out - nashr qilmoq

cut off - uzilib qolmoq

fill in - to'ldirmoq

hang up - telefonni qo'ymoq

log off - internetdan uzilmoq

log on(to) - internetga ulanmoq

print out - printerdan chiqarmoq

by email/phone/letter -
email/telefon/xat orqali

on the internet - internetda

on the news - yangliklarda

on the phone - telefonda

on the radio - radioda

on TV – televizorda

certain - aniq

certainly - shubhasiz

certainty - aniq narsa

communicate - aloqa qilmoq

communication - aloqa

connect - ulanmoq

connection - ulanish

disconnect - uzilmoq

deliver - yetkazib bermoq

delivery - yetkazib berish

express - ifodalamoq

expression - ifoda

expressive - ifodali

inform - ma'lumot bermoq

informative - informatsion

information - ma'lumot

predict - oldindan aytmoq

prediction - bashorat

predictable - kutilayotgan

secret - sir

secretly - sirli

secrecy - maxfiylik, sirlilik

speak - gapirmoq

speech - nutq

speaker - notiq

translate - tarjima qilmoq

translation - tarjima

translator – tarjimon

verbs

comment on - ...ga izoh bildirmoq

communicate with - ...bilan bog'lanmoq

glance at - ...ga nazar tashlamoq

receive sth from - ...dan nimanidur qabul
qilmoq

reply to - ...ga javob bermoq

send sth to smb - kimgadur nimanidur
jo'natmoq

talk about - ...haqida gaplashmoq

tell sb about - kimgadur ...haqida aytmoq

translate into - ...ga tarjima qilmoq

write about - ...haqida yozmoq

information about - ...haqida ma'lumot

nouns

a letter about - ...haqida xat

Destination B1

Unit 24. People and daily life

admit - tan olmoq

arrest - hibsga olmoq

charity - xayriya

commit - sodir etmoq

community - jamoa

court - sud

criminal - qotil

culture - madaniyat

familiar - tanish

government - hukumat

habit - odat

identity card - Id karta

illegal - noqonuniy

politics - siyosat

population - aholi

prison - qamoq

protest - norozi bo'lmoq

resident - yashovchi

responsible - ma'suliyatli

rob - o'g'irlik qilmoq

routine - kundalik ishlar

schedule - jadval

situation - vaziyat

social - ijtimoiy

society - jamiyat

steal - o'g'irlamoq

tradition - an'ana

typical - odatiy

vote - ovoz bermoq

youth club - yoshlar klubi

break in(to) - bostirib kirmoq

catch up (with) - biror darajaga erishmoq

get away with - qochmoq

get up - turmoq

move in - ko'chmoq

put away - qaytarmoq

wake up - uyg'onmoq

wash up – yuvinmoq

against the law - qonunga qarshi

at the age of - ...yoshda

in public - jamoat joyida

in response to - ...ga javob tarzida

in touch (with) - ...bilan aloqada

in your teens/twenties/etc - o'n/yigirma yoshda

agree - rozi bo'lmoq

agreement - kelishuv

disagree - rozi bo'lmaslik

belief - ishonch

believe - ishonmoq

(un)believable - ishonar(siz)

courage - jasurlik

courageous - jasur

elect - saylamoq

election - saylov

equal - teng

equality - tenglik

unequal - teng emas

life - hayot

live - jonli

alive - tirik

nation - millat

nationality - millat

(inter)national - xalqaro

peace - tinchlik

peaceful(ly) - tinch tarzda

prison - qamoq

prisoner - maxbus

shoot - o'q uzmoq

shot - shoot fe'lining o'tgan zamon shakli

shot - shoot fe'lining past participle shakli

shooting - o'q uzish

adjectives

angry (with sb) about - kimdandir
...uchun jahlda
guilty of - ...ning aybdori
verbs
accuse sb of - kimnidir ...da ayblamoq
blame sb for - kimnidir ...uchun
ayblamoq
blame sth on - biror narsani ...da
ayblamoq
criticise sb for - kimnidir ...uchun tanqid
qilmoq
forget about - ...haqida unutmoq
forgive sb for - kmnidir ...uchun
kechirmoq
invite sb to - kimnidir ...ga taklif qilmoq
punish sb for - kimnidir ...uchun
jazolamoa
share sth with - biror narsani ...bilan
bo'lishmoq
smile at - ...ga kulmoq

Destination B1
Unit 27. Working and earning
ambition - orzu-istak
application - ariza
bank account - bank hisobi
boss - boshliq
career - karyera
colleague - hamkasb
company - kompaniya
contract - shartnoma
department - vazirlik
deserve - xohlamoq
earn - ishlab pul topmoq
fame - shuhrat
goal - maqsad
impress - hayron qoldirmoq
income - daromad
industry - sanoat
interview - intervyu
leader - lider
manager - menejer
pension - pensiya, nafaqa
poverty - kuch

pressure - bosim
previous - oldingi
profession - kasb
retire - nafaqaga chiqmoq
salary - maosh
staff - xodim
strike - ish tashlamoq
tax - soliq
wealthy – boy
call off - bekor qilmoq
give back - qaytarmoq
go on - 1. davom etmoq 2. sodir bo'lmoq
put off - kechiktirmoq
set up - boshlamoq (masalan, biznes
yok biror tashkilotni yuritishni)
stay up - kech yotmoq
take away - olib tashlamoq
take over - nazoratni qo'lga olmoq
at the moment - hozir, ayni vaqtda
in charge (of) - ...ga mas'ul
on business - biznesda
on strike - ishlashni to'xtatmoq
on time - vaqtida
on duty - hizmatda
off duty – majburiyatsiz
assist - yordam bermoq
assistant - yordamchi
assistance - yirdam
beg - tilanmoq
beggar - tilanchi
bos - boshliq
bossy - boshliqlarga xos xarakterli
employ - ish bermoq
employment - ish
unemployment - ishsizlik
employer - ish beruvchi
employee - yollanma ishchi
unemployed - ishsiz
fame - shuhrat
famcus - mashhur
occupy - qo'lga kiritmoq
occupation - kasb
office - ofis, idora

officer - offitser
official - rasmiy
unofficial - norasmiy
retire - nafaqaga chiqmoq
retired - nafaqada
retirement - nafaqaga chiqish
safe - xavfsiz
save - saqlamoq
unsafe - xavfli
safety - xavfsizlik
succed - muvaffaqiyatga erishmoq
success - muvaffaqiyat
successful - muvaffaqiyatli
unsuccessful – muvaffaqiyatsiz
adjectives
careful with - ...bilan ehtiyotkor
difficult for - ...uchun qiyin
fed up with - ...dan zerikkan
ready for - ...uchun tayyor
responsible for - ...uchun mas'ul
verbs
apply for - ...uchun ariza
depend on - ...ga bog'liq
inform sb about - kimdirga ...haqida
xabar bermoq
refer to - ...ga bog'liq
work as - ...sifatida ishlamoq
work for - ...uchun ishlamoq
nouns
a kind of - ...ning turi

Destination B1
Unit 30. Body and lifestyle
affect - ta'sir qilmoq
balance - muvozanat
benefit - foyda
breathe - nafas olmoq
chew - chaynamoq
chop - kesmoq
contain - o'z ichiga olmoq
cough - yo'tal
cure - davolamoq, dori
exercise - mashq
flu - gripp

have an operation - operatsiyani
boshdan o'tkazmoq
healthy - sog'lom
ignore - rad etmoq, e'tiborsiz qoldirmoq
infection - infeksiya
ingredient - tarkibiy qism
injury - yarador
limit - chegara
meal - taom
pill - dori
recover - sog'aymoq
salty - sho'r
slice - bo'lak
sour - aynigan
spicy - zirovorli
stir - aralashtirmoq
suffer - azoblanmoq
taste - tatib ko'rmoq
treatment - davolash
vitamin – vitamin
cut down (on) - kamaytirmoq
fall down - yiqilmoq
get over - sog'aymoq
go off - aynimoq
lie down - yumalab yotmoq
put on - vazn orttirmoq
sit down - o'tirmoq
stand up – turmoq
at night - tunda
at risk - xavfda
in addition (to) - ...ga qo'shimcha tarzda
in comparison to/with - ...bilan
taqqoslaganda
in shape - yaxshi qomatda
on a diet – parhezda
bake - non yopmoq
baker - novvoy
bakery - novvoyxona
bend - egmoq, bukmoq
bent - bend fe'lining o'tgan zamon shakli
bent - bend fe'lining past participle
shakli
cook - pishirmoq

cooker - oshpaz
cookery - taomlarning tayyorlanishi va retsepti yozilgan kitob
intend - nazarda tutmoq
intention - niyat
intentional - o'ylab qilingan
jog - yugurmoq
jogging - yugurish
jogger - yuguruvchi
medicine - dori
medical - tibbiy
pain - og'riq
painful - og'riqli
painless - og'riqsiz
reduce - qisqartirmoq
reduction - qisqartma
sense - sezgi
sensible - aqlli
sensitive - sezgir
weigh - vazn o'lchamoq
weight – vazn
adjectives
addicted to - ...ga o'rganib qolgan
allergic to - ...ga allergik
covered in/with - ...bilan qoplangan
pleased with - ...dan mamnun
verbs
combine sth with - biron narsani ...bilan aralashtirmoq
complaion (to sb) about - kimgadir ...haqida shikoyat qilmoq
die from/of - ...dan o'lmoq
fight against - ...ga qarshi kurashmoq
recover from - ...dan sog'aymoq
smell of - ...ning hidi
nouns
a cure for - ...uchun dori
a recipe for - ...uchun retsept

Destination B1
Unit 33. Creating and building
ancient - qadimiy
checked - katak-katak
cotton - paxta

create - yaratmoq
design - dizayn
fix - o'rnatmoq
fold - buklamoq
gallery - galareya
improvement - yaxshilanish
loose - keng
maintain - saqlamoq
match - mos
material - material
notice - payqamoq
pattern - naqsh, bezak
pile - to'da
practical - amaliy
rough - g'adir-budur
shape - shakl
silk - shoyi
sleeve - yeng
smooth - tekis
stretch - cho'zmoq
striped - yo'l-yo'l
style - uslub
suit - kostyum
suitable - qulay
tear - yirtmoq
tight - qattiq
tool – asbob
cut off - qirqmoq
do up - tugma yoki zamokni o'tkazmoq
fill up - to'ldirmoq
have on - kiymoq
leave out - ajratmoq
put on - kiymoq
take off - yechmoq
try on - kiyib ko'rmoq
at the back (of) - ...ning orqasida
at the end (of) - ...ning oxirida
in fashion/style - modada, urfda
in front (of) - ...ning yonida
in the corner (of) - ...ning burchagida
out of fashion/style - urfda emas
art - san'at
artist - san'atkor

artistic - badiiy

break - sindirmoq

broke - break fe'lining o'tgan zamon shakli

broken - break fe'lining past participle shakli

breakable - sinadigan

unbreakable - sinmas

compose - yaratmoq

composition - kompozitsiya, musiqa asari

composer - bastakor

exhibit - ko'rsatmoq

exhibition - ko'rgazma

free - erkin

freedom - erkinlik

hand - qo'l

handful - bir siqim

handle - ushlamoq

imagine - tasavvur qilmoq

imagination - tasavvur

imaginative - tasavvurga boy

intelligent - aqlli

itelligence - aql

perfect - a'lo, mukammal

perfection - mukammallik

imperfect - nuqsonli

prepare - tayyorlanmoq

preparation – tayyorgarlik

adjectives

amazed at/by - ...dan hayron

disappointed with - ...dan xafa bo'lgan

familiar with - ...bilan tanish

involved in - ...bilan shug'ullangan

similar to - ...ga o'xshash

verbs

change sth (from sth) into - ...ga o'zgartirmoq

describe sth as - biron narsani ...dek tasvirlamoq

explain sth to - biron narsani ...ga tushuntirmoq

remind sb of - kimgadir ...ni eslatmoq

remove sth from - biron narsani ...dan chiqarmoq

nouns

an influence on - ...ga ta'sir

a picture of - ...ning surati

Destination B1

Unit 36. Nature and the universe

amazing - hayratlanarli

climate - iqlim

countryside - qishloq

environment - atrof-muhit

extinct - yo'q bo'lib ketgan, qirilib ketgan

forecast - oldindan aytmoq

freezing - muzlagan

global - ommaviy

heatwave - issiq muddat

insect - hashorat

lightning - chaqmoq

litter - axlat tashlamoq

local - mahalliy

locate - joylashmoq

mammal - sut emizuvchi

mild - yumshoq

name - ism

origin - kelib chiqish

planet - sayyora

preserve - saqlamoq, muhofaza qilmoq

recycle - qayta ishlamoq

reptile - sudralib yuruvchilar

rescue - qochmoq

setellite - sun'iy yo'ldosh

shower - dush

solar system - quyosh sistemasi

species - tur

thunder - momoqaldiroq

wild - yovvoyi

wildlife - yovvoyi hayot

blow up - portlamoq

build up - oshmoq

clear up - tozalamoq

go out - kuyishni to'xtatmoq

keep out - kirishdan saqlamoq

put down - tashlamoq
put out - kuyishdan saqlamoq
put up – ilmoq
at most - ko'p
at the top/bottom (of) - ...ning usti/yuqorisi da
in the beginning - boshlanishida
in the distance - masofada
in total - umumiy
on top (of) - ...ning yuqorisida
centre - markaz
central - markaziy
circle - aylana
circular - aylana
danger - xavf
dangerous - xavfli
deep - chuqur
deeply - chuqur tarzda
depth - chuqurlik
desyroy - vayron qilmoq
destruction - vayrona
destructive - vayron qiluvchi
fog - tuman
foggy - tumanli
garden - bog'
gardener - bog'bon
gardening - bog'
invade - bostirib kirmoq
invasion - istilo, bosqin
invader - bosqinchi
nature - tabiat
natural - tabiiy
naturally - tabiiy tarzda
pollute - ifloslamoq
pollution - ifloslanish
polluted – ifloslangan
adjectives
afraid of - ...dan qo'rqqan
aware of - ...dan xabardor
enthusiastic about - ...haqida ta'sirlangan
seious about - ...haqida jiddiy
short of - kam

verbs
escape from - ...dan qochmoq
prevent sb from - kimnidir ...dan saqlamoq
save sth from - nimanidir ...dan asramoq
think about - ...haqida o'ylamoq
worry about - ...haqida xavotir olmoq
nouns
damage to - ...ga zarar
an increase in - ...da o'sish
Destination B1
Unit 39. Laughing and crying
amusing - kuldiradigan
annoy - jahl qilmoq, achchiqlanmoq
attitude - munosabat
bad-tempered - yomon hulqli
behave - o'zini tutmoq
bully -zo'ravonlik qilmoq
calm - tinch
celebrate - nishonlamoq
character - xarakter
depressed - depressiyada
embarassing - uyatli holat
emotion - his-hayajon, emotsiya
enthusiastic - zavqqa to'la
feeling - his
glad - mamnun
hurt - shikastlamoq
miserable - g'amgin
naughty - bo'ysunmas
noisy - shovqinli
polite - xushmuomala
react - ta'sir qilmoq
regret - afsuslanmoq
ridiculous - kulgili
romantic - romantik
rude - qo'pol
sense of humour - yumor hisi
shy - uyalchan
stress - stressiya
tell a joke - latifa aytmoq
upset – xafa
calm down - tinchlanmoq

17

cheer up - xursand bo'lmoq
come on - tezlashmoq
go on - davom ettirmoq
hang on - kutmoq
run away (from) - qochmoq
shut up - gapirishdan to'xtamoq
speak up - baland ovozda gapirmoq
at first - boshida
at last - oxirida
at times - ba'zida
in secret - sirli tarda
in spite of - ...ga qaramasdan
in tears - yoshda, yig'ida
bore - zerikmoq
boring - zerikarli
bored - zerikkan
comedy - komediya
comedian - komedian
emotion - his-hayajon, emotsiya
emotional - hayajonli
energy - energiya
energetic - energetik
excite - hayajonlantirmoq
excitement - xursandchilik
exciting - hayajonli
excited - hayajonlangan
feel - his qilmoq
felt - feel fe'lining o'tgan zamon shakli
felt - feel fe'lining past participle shakli
feeling - his
happy - xursand
unhappy - xafa
happiness - quvonch
unhappiness - xafalik
hate - nafratlanmoq
hatred - nafrat
noise - shovqin
noisy - shovqinli
noisily - shovqinli tarzda
symapthy - hamdardlik
symathise - hamdardlik bildirmoq
sympathetic – hamdard
adjectives

ashamed of - ...dan uyalgan
embarassed about - ...dan uyalgan
frightened of - ...dan qo'rqqan
happy about/with - ...dan xursand
nervous about - ...dan asabiylashgan
scared of - ...dan qo'rqqan
sorry about/for - ...uchun afsusda
surprised at/by - ...dan hayratlangan
tired of - ...dan charchagan
verbs
congrutulate sb on - kimdirni ...bilan
tabriklamoq
laugh at - ...ga kulmoq
nouns
a joke about - ...haqida hazil
Destination B1
Unit 42. Problems and solutions
accident - halokat
assume - tahmin qilmoq
cause - sabab bo'lmoq
claim - talab qilmoq
complain - shikoyat qilmoq
convince - ishontirmoq
criticise - tanqida qilmoq
deny - rad etmoq
discussion - muhokama
doubt - shubha
encourage - qo'llamoq
get rid of - qutulmoq
gossip - g'iybat
ideal - mukammal, ideal
insult - haqorat qilmoq
investigate - tekshirib chiqmoq
negative - salbiy
positive - ijobiy
praise - maqtamoq
pretend - mug'ombirlik qilmoq
purpose - maqsad
refuse - rad etmoq
result - natija
rumour - mish-mish
sensible - aqlli
serious - jiddiy

spare - bo'sh
theory - nazariya
thought - o'y-fikr
warn – ogohlantirmoq
hang up - ilmoq (kiyimlarni)
pick up - olmoq
put back - qaytarmoq
run out (of) - tugamoq
share out - bo'lishmoq
sort out - muammoni hal qilmoq
watch out - ehtiyot bo'l
work out - yechim topmoq
by accident/mistake - halokatda/xato tufayli
in a mess - tartibsizlikda
in danger (of) - xavfda
in my view - qarashimcha
in trouble - muammoda
under pressure - bosim ostida
advice - maslahat
advise - maslahat bermoq
adviser - maslahatchi
confuse - chalkashmoq
confused - chalkashgan
confusion - chalkash
except - istisno qilmoq
exception - istisno
help - yordam bermoq
helpful - foydali
unhelpful - foydasiz
helpless - yordamga muhtoj
luck - omad
lucky - omadli
unlucky - omadsiz
luckily - yaxshiyamki
unluckily - baxtga qarshi
prefer - afzal ko'rmoq
preference - afzallik
preferable - ma'qul
recommend - tavsiya qilmoq
recommendation - tavsiya
refuse - inkor qilmoq, norozi bo'lmoq
refusal - norozilik

solve - hal qilmoq
solution - yechim
suggest - maslahat bermoq
suggestion – maslahat
adjectives
sure about/of - ...ga ishonchi komil
verbs
advise against - ...ga qarshi maslahat bermoq
agree (with sb) about - ...haqida kimdirga qo'shilmoq
approve of - ...dan xursand bo'lmoq
believe in - ...ga ishonmoq
deal with - ...bilan shug'ullanmoq
happen to - sodir bo'lmoq
hide sth from sb - biron narsan kimdamdir yoshirmoq
insist on - ...da qat'iyatli bo'lmoq
rely on - ...ga suyammoq
nouns
an advantage of - ...ning fodasi
a solution to - ...ga yechim
Destination B2
Unit 2. Travel and transport
voyage - qayiqda uzoq sayohat
journey - uzoq masofaga sayohat
trip - qisqa sayohat
travel - sayohat
excursion - qisqa sayohat
view - ko'rinish
sight - ko'rish qobiliyati
world - dunyo
earth - yer
area - hudud (biror bino hududi)
territory - hudud (davlat hududi)
season - fasl
period - muddat
fare - yo'l haqi
ticket - bilet, chipta
fee - to'lov
miss - o'tkazib yubormoq
lose - yo'qotmoq
take - olmoq

bring - olib kelmoq
go - bormoq
book - buyurtma bermoq
keep - saqlamoq
arrive - kelmoq
reach - kelmoq
live - yashamoq
stay - vaqtincha turmoq
border - chegara (davlat chegarasi)
edge - chekka
line - chiziq
length - uzunlik
distance - masofa
guide - yo'l ko'rsatmoq
lead - yo'l boshlamoq
native - bir hududda yashovchi
home – uy
catch up with - darjaga erishmoq
check in - mehmonxona yoki aeroportda registratsiyadan o'tmoq
check out - 1 mehmonxonani tark etmoq; 2 tekshiruv o'tkazmoq
drop off - 1 transportdan tushishga ruxsat bermoq; 2 uxlab qolmoq
get back - qaytmoq
go away - ta'tilga chiqmoq
keep up with - bir xil darajada turmoq
make for - kimdirning ko'rsatmasiga muvofiq bormoq
pick up - mashinaga mindirish uchun to'xtamoq
pull in - yo'l chetida to'xtamoq
run over - mashinani urmoq
see off - kuzatib qo'ymoq
set out/off - sayohatni boshlamoq
take off - yerdan ko'tarilmoq (samolyotga nisbatan)
turn round - qarshi yo'nalish orqali ortga qaytmoq
accident - halokat
have an accident - halokat bo'lmoq
be (involved) in an accident - halokatda bo'lmoq (ishtirok etmoq)

do sth by accident - biron narsani tasodifan qilmoq
advance - oldinga siljimoq, rivojlanmoq
in advance - oldindan
advance to/towards a place - olg'a bormoq
ahead - old
go straight ahead - oldinga bormoq
go ahead - olg'a bormoq
be ahead of sth/sb - ...ning boshida bo'lmoq
direction - yo'nalish
a change of direction - yo'nalish o'zgarishi
in the direction of - ...ning yo'nalishida
in this/that direction - shu yo'nalishda
head - bosh
off the top of your head - yoddan
head for/towards a place - biror joyga boshlamoq
head over hills (in love) - sevib qolmoq
holiday - ta'til
go/be on holiday - ta'tilda bo'lmoq
have/take a holiday - ta'tilda
bank holiday - Buyuk Britaniyada nishonlanadigan, shu kunda barcha banklar yopiq bo'ladigan davlat bayrami
left - chap
go/turn left - chapga burilmoq
on the left - chapda
on the left-hand side - chap qo'l tomonda
in the left-hand corner - chap burchakda
left-handed - chap qo'l
route - yo'nalish
plan your/a route - yo'nalishini belgilamoq
take a route - yo'l olmoq
sights - manzara ko'rinishi
see the sights - manzarani ko'rmoq
sightseeing - turistik joylar
go sightseeing - turistik joylarga borish
speed - tezlik

at (high, full, etc) speed - yuqori tezlikda
a burst of speed - tezlashish
speed limit - tezlik chegarsi
tour - sayohat
go on/take a tour of (a)round
somewhere - biror joyda sayhat qilmoq
tour a place - biror joyga sayohat qilmoq
tour guide - sayohat gidi
trip - safar
bussiness trip - biznes safari
school trip - maktab safari
go on a trip - safarga chiqmoq
take a trip (to a place) - biror joyga safar
way - yo'l
lose/make/find your way - o'z yo'lini
yo'qotmoq/yaratmoq/topmoq
in a way - yo'lda
on the way - yo'lda
go all the way (to sth/swh) - yo'l bo'yi
bormoq
afraid of - ...dan qo'rqqan
appear to be - ...bo'lib ko'rinmoq
arrange sth (with sb) - biror narsani
kimdir bilan kelishmoq
arrive in/at a place - biror joyga kelmoq
continue with sth - nimadir bilan davom
etmoq
differ from - ...dan farqli
dream about/of - ...haqida orzu qilmoq
invite sb to do - kimnidir biror narsa
qilishga taklif qilmoq
keen to do/keen on - ...ga o'ch
live in/at a place - biror joyda yashamoq
live on/for sth - biror narsa orqali kun
ko'rmoq
regret doing/to do - afsuslanmoq
think of/about - ...haqida o'ylamoq
write about - ...haqida yozmoq
write sth (to sb)/write sb sth - kimgadir
nimanidir yozmoq
write sht down - nimanidir yozib
qo'ymoq
arrange - kelishmoq

rearrange - qayta kelishmoq
arrangement - kelishuv
arrive - kelmoq
arrival - kelish
broad - keng
breadth - kenglik
broaden - kengaytirmoq
culture - madaniyat
cultural - madaniy
culturally - madaniy tarzda
cultured - madaniyatli
uncultured - madaniyatsiz
differ - farqlamoq
different - farqli
differently - farqli tarzda
difference - farq
direct - to'g'ridan-to'g'ri, bevosita
indirect - bilvosita
direction - yo'nalish
director - direktor, rahbar
directly - to'g'ridan-to'g'ri
(in)directly - bilvosita
distant - uzoq; 2 o'ychan
distantly - o'ychan tarzda
distance - masofa
enter - kirmoq
enterence - kirish
inhabit - yashamoq
inhabitant - yashovchi
photagraph - surat; 2 surat olmoq
photography - rasmchilik
photagrapher - rasmchi
photographic - fotografik
recognise - tanimoq
recognisable - tanisa bo'ladigan
unrecognisable - tanib bo'lmaydigan
recognition - tanish
time - vaqt
timetable - eslatmalar ro'yxati
tour - sayohat
tourism - turizm
tourist - turist
world - dunyo

worldwide - dunyo bo'ylab

Unit 4. Hobbies, sport and games

pitch - o'yin maydoni(futbol, kriket, ...)

track - yugurish yoki poyga uchun ajratilgan maydon

court - o'yin maydoni (tennis, basketbol)

course - golf maydoni

ring - ring (boks, kurash)

rink - konki maydoni

win - g'olib bo'lmoq

beat - mag'lub etmoq

score - hisobni qayd etmoq

play - spektakl

game - o'yin

spectator - tomoshabin (tadbirga ko'rish uchun borgan)

viewer - tomoshabin (tvda tomosha qilish, uyda)

umpire - hakam (tennis, bosketbol)

referee - hakam (futbol, boks)

final - o'yin yoki musobaqaning oxirgi qismi

finale - musiqa yoki sahna asarining oxirgi qismi

end - vaziyat yoki tadbirning yakuni

ending - hikoya yoki filmning yakuni

bat - koptokni urish uchun tayoqcha (stol tennis, basebol)

stick - hokkey tayoqchasi

rod - qarmoq

racket - raketka

amateur - havaskor

professional - professional

sport - sport

athletics - atletika (yugurish, sakrash)

interval - konsert yoki drama o'rtasidagi qisqa tanaffus

half time - tanaffus (futbol va boshqa jamoa sportlarining o'rtasida

draw - durang bo'lmoq

equal - teng

competitor - musobaqachi

opponent – raqib

bring forward - tadbir sanasini oldinga surmoq

carry on - davom ettirmoq

get round to - boshlamoq (uzoq o'ylangan rejani)

get up to - 1. bajarmoq 2. qilmaslik kerak bo'lgan ishni qilish

go in for - 1. musobaqaga kirmoq 2. yoqtirmoq

go off - yomon ko'rib qolmoq

join in - a'zo bo'lmoq

knock out - 1. o'yindan chiqrib yubormoq 2. hushidan ketkazmoq

look out - ehtiyot bo'lmoq

pull out - to'xtamoq, voz kechmoq

put off - kechiktirmoq

put up with - chidamoq

take to - odat sifatida boshlamoq

take up - 1.(hobby, sport)ni boshlamoq 2. vaqtni olmoq

best - eng yaxshi

make the best of sth - qiyin ishni imkon qadar muvafaqqiyatli bajarmoq

do your best - g'ayrat qilmoq

the best at sth/doing - ...da zo'r, eng yaxshi bo'lmoq

chance - imkoniyat, ehtimollik

have/take/get a chance - biror narsa qilishga imkoniyat bo'lmoq

have a chance of doing - biror nima qilishning ehtimoli bo'lmoq

some/little/etc chance of (your) doing - biror nima qilishga biroz/juda kam imkoniyat/ehtimollik bo'lmoq

the chances of (your) doing - (sizing) biror nima qilishingiz ehtimolligi/mumkinligi

take a chance (on sth) - tavakkal qilmoq

chance of a lifetime - hayotda bir marta beriladigan imkoniyat

go - bormoq

your go - sening navbating
have a go - harakat qilmoq, urunmoq
height - balandlik
in height - balandlikda
afraid of height - balandlikdan qo'rqmoq
height of sth - biror davr yoki
vaziyatning cho'qqisi, qizg'in nuqtasi
mad - jinni
mad about/on sth/sb/doing - ...ni juda
yaxshi ko'rmoq, yoqtirmoq
go/become mad - 1. Mukkasidan
ketmoq 2. Jahli chiqmoq
pleasure - zavq
take pleasure in sth/doing - ...dan zavq
olmoq
gain/get pleasure from sth/doing - ...dan
zavq olmoq
popular - mashhur
popular with/among - bilan/orasida
mashhur
side - tomon/taraf
(on) the opposite side - qarama-qarshi
tomonda
(on) the far side - uzoq tomonda
side with sb - ...ni tarafini olmoq
on the winning/losing side - g'olib
bo'layotgan/yengilayotgan tomonda
talent - taland, qobiliyat
have a talent (for sth/doing) - ...ga
talanti/qobiliyati bor bo'lmoq
talent contest - musobaqa
time - vaqt
on time - vaqtida
(just) in time - vaqtida(arang o'z
vaqtida)
the whole time - butun vaqt
high/about time - allaqachon vaqti
bo'ldi
take your time (doing) - ...ni
brmalol/shoshilmay qilish
take time to do - ...ni bajarish uchun vaqt
olmoq

sth takes up(your) time - nimadir
vaqt(ingiz)ni olmoq
spend time doing - (foydali) nimadir ish
qilishga vaqt sarflamoq
spend time on - yo'qotilgan vaqtda
at/for a certain time - ma'lum bir vaqt
davomida/ma'lum vaqt davomida
time passes - vaqt o'tmoq
find time to do - ...ni bajarish uchun vaqt
topmoq
make/find time for - ...uchun vaqt
topmoq
for the time being - hozir
have a good/nice time(doing) - (...ni
bajarib) vaqtni yaxshi o'tkazmoq
tell the time - soatni aytmoq
free/spare/leisure time - bo'sh vaqt
turn - o'girmoq
turn (a)round/away - yuzini boshqa
tomonga burmoq
turn sth over - boshqa kanalga olmoq
in turn - navbatda
take turns/take it in turn(s) - navbati
bilan bajarmoq
your turn (to do) - (bajarish) sizning
navbatingiz
compete against/with sb - ...ga
qarshi/bilan raqobatlashmoq
compete for/in sth - ...uchun/..da
musobaqalashmoq, raqobatlashmoq
concentrate on sth/doing - ...ga diqqatini
qaratmoq
difficult to do - bajarish qiyin bo'lmoq
find sth difficult - biror narsani qiyin
deb topmoq
find it difficult to do - biron nima
qilishni qiyin deb topmoq
fond of sth/sb/doing - ...ga qiziqmoq
free to do - ...ni bajarish uchun erkin,
huquqi bo'lmoq
free from/of sth - ...dan ozod
free for sth - ...uchun bo'sh vaqti
bo'lmoq

interested in sth/doing - ...ga qiziqmoq
involve sth/doing - ...ni taqazo qilmoq
involved in sth/doing - ...ga a'zo
bo'lgan/qatnashgan
listen to sth/sb - ...ni tinglamoq
love sth/sb/doing - ...ni sevmoq
love to do sth - biror narsani qilishni
yaxshi ko'rmoq
mean to do - qilishni nazarda tutmoq
it/this means that ...; it/this means
sth/doing - bu ...ni anglatmoq
prefer to do(rather than [to] do) - ...ni
afzal ko'rmoq
prefer sth (rather than sth) - biror
narsani afzal ko'rmoq
prefer sth/doing (to sth/doing) - biror
narsani afzal ko'rmoq
stop sth/doing - ...ni to'xtatmoa
stop to do - qilish uchun to'xtamoq
stop sb from doing - kimnidir nimadir
qilishdan to'xtatish
sure/certain - ishongan
make sure - ishonch hosil qilmoq
be sure - ishonchi komil bo'lmoq
sure/certain to do - qilishga ishongan
be sure/certain of sth - nimagadir
ishonmoq
allow - ruxsat bermoq
disallow - rad qilmoq
allowance - yordam puli
allowable - ruxsat berilgan
associate - bog'lamoq
disassociate - ayirmoq
associantion - hamkorlik
(un)associated - bog'lan(ma)gan
compete - raqobatlashmoq
competition - musobaqa
competitor - musobaqachi
competitival(ly) - raqobatga
doir/raqobatdoshlarcha
enjoy - rohatlanmoq
enjoyment - rohat
enjoyable - rohatbaxsh

equip - jihozlamoq
equipment - jihozlamoq
equipped - jihozlangan
fortune - omad, baxt
misfortune - baxtsizlik
(un)fortuntely - yaxshiyamki/baxtga
qarshi
interest - qiziqmoq
(un)interesting - qiziqar(siz/li)
(un)interestingly - qiziq(arsiz) tarzda
know - bilmoq
knowledge - bilim
(un)knowledgeable - bilim(siz/li)
lose - yo'qotmoq
lost - yo'qolgan
loss - 1. yo'qolish 2. zarar (pul) 3. o'lim
maintain - ta'mirlamoq
maintenance - ta'mirlash
medal - medal
medallist - medal sohibi
medalion - medalyon
oppose - qarshi bo'lmoq
opposition - qarshi
opponent - raqib
opposite - qarama-qarshi
opposing - qarshi
practice - mashq
practise - mashq qilmoq
(im)practical - amaliy emas/tarzda
(im)practically - amaliy tarzda (emas)
train - shug'ullanmoq
retrain - qayta shug'ullanmoq
trainer - trener

Destination B2
Unit 6. Science and technology
artifical - sun'iy
falce - yasama
natural - tabiiy
physical - moddiy, ashyoviy
true - to'g'ri, rost
accurate - aniq, to'g'ri
method - metod
way - usul

engine - transport motori
machine - uskuna, mashina
motor - uskuna yokitranport motori
aim - maqsad
cause - bir vaziyatga olib borgan sabab
reason - biror vaziyatning nima
sababdan sodir bo'lganini
tushuntiruvchi sabab
estimate - taxminiy hisoblamoq
calculate - hisob-kitob qilmoq
electric - eletrga oid
electronic - elektron...
invent - yaratmoq, ixtiro qilmoq
discover - (mavjud narsani) topmoq,
kashf qilmoq
research - ishlarish
experiment - tajriba, amaliyot
progress - o'sish
development - (vaqt mobaynida)
rivojlanmoq
modern - zamonaviy
new - yangi
industry - sanoat
factory - zavod
award - (g'alaba qozongani uchun)
sovrin, mukofot
reward - (biror yaxshi ish qilganligi
uchun) mukofot
take please - bo'lib o'tmoq, sodir
bo'lmoq(asosan rejalashtirilgan)
occur - sodir bo'lmoq(asosan tasodifan)
break down - buzulib qolmoq
carry out - (tajriba) o'tkazmoq
come off - muvafaqqiyatli bo'lmoq
come on - rivojlanmoq
come up with - o'ylab topmoq
cut off - ta'minotni uzmoq, to'xtatmoq
find out - ...haqida ma'lumot topmoq
give off - o'zidan issiqlik yoki hid
chiqarmoq
narrow down - sonini kamaytirmoq
plug in - vilkani razvedkada ulamoq
put though - telefon orqali ulamoq

turn into - ...ga aylanmoq, o'zgarmoq
work out - yechim topmoq
attempt - harakat, urinish
make an attempt (at sth/doing)- ...ga
harakat qilmoq
attempt to do -...bajarishga harakat
in an attempt to do -...ni bajarish uchun
harakatda
average - o'rtacha
on average - o'rtacha hisobda
beginning - boshlanish
in the beginning - boshida, daslab
at the beginning (of sth) - (...ning)
boshida
beginning with -... bilan boshlanish
bottom - ost, tag
at/on the bottom of sth - ...ning pastida,
pastki qismida
cause - sabab; sabab bo'lmoq
be/find /look for the cause of sth -
...ning sababi bo'lmoq/ni topmoc/ni
izlamoq
conclusion - xulosa
come to/reach the conclusion that -
xulosaga kelmoq
in conclusion - xullas
experiment - tajriba, amaliyot
do/carry out/perform an experiment
(on sth) -...ustida tajriba otkazmoq
experiment with sth -...bilan, ustida
tajriba o'tkazmoq
fact - fakt
in fact - aslida
as a matter of fact - 1) buning isboti
sifatida; 2) aslida esa
the fact of the matter is that -
masalaning fakti shuki.
face the facts - haqiqatga yuzlanmoq
introduction - kirish; foydalanish
with the introduction of sth - ...ning
(dastlabki) foydalanilishi, kirib kelishi
bilan

introduction to sb - kimningdir birinchi bajarishi, tajribasi

introduction to sth -...ga kirish, tushuntirish

phone call - telefon qo'ngirogi

make/get/receive a phone call- telefon qilmoq/telefon qo'ng'irog''ini qabul qilmoq

photo(graph) - surat

take a photo of sth/sb-...ni suratga olmoq

research - izlanish

do/carry out research (on/into) - ...ustida izlanish olib bormoq

cause sth (to do) - biror narsaga sabab bo'lmoq

consider sth/doing - muhokama qilmoq

consider if/whether - deb hisoblamoq

consider sb for sth - kimnidir ...deb hisoblamoq

consider it strange - g'alati deb hisoblamoq

discuss sth/doing (with sb) - kimdir bilan biror narsani muhokama qilmoq

explain that - ...ni tushuntirmoq

explain sth (to sb) - kimdirga biror narsani tushuntirmoq

intend to do/doing - qilishni niyat qilmoq

know about sth/doing - biror narsa haqida bilmoq

know of sb - kimdirni bilmoq

be known as sth - sifatida mashhur

look at sth/sb - nimadir/kimdirga qaramoq

look for sth/sb - nimadir/kimdirni qidirmoq

look forward to sth/doing - biror narsani intiqlik bilan kutmoq

manage to do - qilishni uddalamoq

plan sth - biror narsani rejalashtirmoq

plan to do - qilishni rejalashtirmoq

possible (for sb) to do - kimdir uchun qilishni imkoni bo'lmoq

find sth possible - biror narsani imkonli deb topmoq

find it impossible to do - qilishni imkonsiz deb topmoq

result of sth/doing - biror narsaning natijasi

result in sth - natijaga olib kelmoq

result in (your) doing - ...qilishingizga olib kelmoq

result from sth/doing - biror narsadan natija chiqmoq

as a result of sth - biror narsaning natijasida

wonder about sth/doing - biror narsadan hayratlanmoq

wonder if/whether/why – hayratlanmoq

appear - 1) ko'rinmoq, paydo bo'lmoq 2) rol o'ynamoq, chiqish qilmoq

appearance - ko'rinish

apparently - ma'lum bo'lishicha

build - qurmoq

builder - quruvchi

building - bino

discover - topmoq

discovery - kashfiyot

explain - tushuntirmoq

explanation - tushuntirish, izoh

important - muhim

unimportant - muhim emas

importance - muhimlik, ahamiyat

importantly - muhim tarzda

introduce - tanishtirmoq

introduction - kirish

introductory - kirish, dastlabki, tanishtiruvchi

invent - kashf qilmoq

invention - kashfiyot

observe - kuzatmoq

observer kuzatuvchi

observation - kuzatish

possible - imkonli
impossible - imkonsiz
possibility - imkoniyat
impossibility - imkoniyatsizlik
possibly - imkoni boricha
impossibly - imkoni yo'q
psychology - psixologiya
psychologist - psixolog
psychological - psixologik
psychologically - psixologik tarzda
research - taqiqot
researcher - tadqiqotchi
revolution - revolutsiya, inqilob
revolutionary - inqilobiy o'zgarish
science - fan
scientist - olim
scientific - ilmiy, ilm-fanga asoslangan
unscientific - ilmiy emas
scientifically - ilmiy jihatdatdan
unscientifically - ilmiy jihatdan emas
technology - texnologiya
technological - texnologik
technologically - texnologik jihatdan
technical - texnik
technically - texnik jihatdan
technician - texnik
technique - texnika
wood - yog'och
wooden - yog'ochli

Destination B2

Unit 8. The media – media

deny - rad qilmoq, inkor qilmoq
refuse - ...qilishni rad qilmoq
agree - fikrga qo'shilmoq
accept - qabul qilmoq, ma'qullamoq
headline - gazetada katta harflar bilan
yozilgan sarlavha
heading - matn sarlavhasi
feature - ilmiy (biror fan sohasida)
maqola
article - maqola
talk show - tok shou
quiz show - savol javob shousi

game show - o'yin shousi
announcer - dasturlar haqida ma'lumot
beruvchi
commentator - sharhlovchi 35
tabloid - kichik hajmli gazeta
broadsheet- katta hajmli gazeta
journalist - journalist
columnist - gazetaga muntazam maqola
yozuvchi kishi
press - nashriyot
media- Ommaviy axborot vositalari
programme - dastur, eshittirish (TV,
radio)
program - dastur (software)
channel - telekanal
broadcast - eshittirish, dastur
bulletin - qisqa yangilik
newsflash - muhim yangilik
bring up - biror mavzuda muhokamani
boshlamoq
come on - namoyish qilina boshlamoq
come out - nashr qilmoq
fill in - to'ldirmoq (hujjatni)
flick through ko'z yugurtirmoq
go into - biror narsa bilan chuqur
shug'ullanmoq
hand out - tarqatmoq
look up - qidirmoq (kitobdan)
make out -1) biror narsani to'g'riday
ko'rsatmoq; 2) biror narsani zo'rg'a
ko'rmoq, eshitmoq, tushunmoq
make up - bahona to'qimoq; hikoya yoki
she'r yaratmoq
put forward - maslahat bermoq
see through - yolg'onligini bilib qolmoq
va unga ishonmaslik
stand out - boshqalardan ajralib turmoq
turn over - o'girmoq
control - nazorat qilmoq
in control (of sth) - biror narsaning
nazoratiga masul bo'lmoq
take control (of sth) - biror narsaning
nazoratini qo'lga olmoq

under control - nazorat ostida

under the control of sb - biror kishining nazorati ostida

out of control - nazoratsiz

description - ta'rif

give a description of sth/sb - biror narsa yoki odam haqida ta'rif bermoq

difference - farq

make a difference (to sth/sb) - biror narsa yoki odamni o'zgartirmoq

tell the difference (between)- . ortasidagi farqni aytmoq

there is no difference between - o'rtasida farq yo'q

there is some/litte difference between - ... ortasida biroz/kam farq bor

granted - tan olish kerakli

take sth/sb for granted - garantiya bermoq

influence - ta'sir

influence sth/sb - biror narsa yoki odamga ta'sir qilmoq

have/be influence on sth/sb - biror narsa yoki odam ustida ta'siri bo'lmoq

internet - Internet

on the Internet - Internetda

over the Internet - Internet orqali

surf the Internet - Internetda ko'p qolib ketmoq

news - yangilik

in the news - yangilikda

on the news - yangilikda

hear the news - yanglikni eshitmoq

newsflash - muhim yangilik newspaper - gazeta

place - joy

take place - o'tkazmoq, bo'lib o'tmoq

in place of - ...ning o'rniga

at a place - joyda

question - savol

ask/answer a question - savol bermoq/savolga javob bermoq question sth/sb - biror narsani so'ramoq

in question - savolda

question mark - so'roq belgisi (?)

view - ko'rinish

have/hold/take a view - fikri bo'lmoq

be sb's view that - kimningdir fikri ... bo'lib

in my view - meni o'ylashimcha

in view of - 1) ...ni hisobga olib; 2) ...ga ko'rinadigan joyda

look at/see the view - manwzaraga qaramoq

view of sth - biror narsaning ko'rinishi

view from sth/swh - biror narsa yoki biror yerdan ko'rinish

watch - ko'rmoq

watch sth/sb - biror narsa yoki odamni ko'rmoq

watch (out) for sth/sb - kuzatmoq, xushyor turmoq

keep watch - kuzatishda davom etmoq

according to sb - biror odamning fikriga ko'ra

announce sth to sb - biror narsani biror odamga e'lon qilmoq

announce that - ...ni ma'lum qilmoq

believe - ishonmoq

believe in sth - biror narsaga ishonmoq

believe that - ...ga ishonmoq

believe to be - bo'lishga ishonmoq

comment on sth - biror narsaga izoh bermoq

make a comment (to sb) about sth - kimdirga biror narsa haqida fikr bildirmoq

confuse sth/sb with sth/sb - biror narsa yoki odamni boshqa biri bilan adashtirmoq

confused about/by sth - biror narsada adashmoq

correspond - mos kelmoq, muvofiq bo'lmoq

correspond with sb - biror kim bilan xat orqali yozishmoq

describe sth/sb as - biror narsa yoki odamni ...dek tasvirlamoq

describe sth/sb to sb - biror narsa yoki odamni biror kishiga tasvirlamoq

hear sth/sb - biror narsa yoki odamni eshitmoq

hear about sth/sb - biror narsa yoki odam haqida eshitmoq

hear from sb - biror kishidan eshitmoq

inform sb that - biror kishiga ...ni aytmoq

inform sb about/of sth - kimdirga biror narsa hagida ma'lumot bermoq

likely to do - qilish ehtimoli bo'lgan

likely that - ehtimol

persuade sb to do - biror kimni qilishga ishontirmoq

persuade sb that - kimdirni ...ga ishontirmoq

persuade sb of sth - kimdirni biror narsa haqida ishontirmoq

point (in) doing - qilishdan ma'no

send sb sth - kimdirga biror narsani jo'natmoq

send sth (to sb) - biror narsani kimdirga jo'natmoq

surprise by surprise - syurprizdan hayratlanmoq

surprise at/by sth - biror narsadan hayratlanmoq

tell sb sth - kimdirga biror nimani aytmoq

tell sb that - ...ni kimdirga aytmoq

tell sb about sth/doing kimdirga biror narsa haqida aytmoq

tell sb (not) to do - kimdirga qilishni (qilmaslikni) aytmoq

announce - e'lon qilmoq

announcement - e'lon

announced - e'lon qilingan

unannounced - e'lon qilinmagan

belief - ishonch

disbelief - ishonchsizlik

believe - ishonmoq

believable - ishonarli

unbelievable - ishonib bo'lmaydigan

believably - ishonarli tarzda

unvellevably - ishonarsiz tarzda

communicate - aloqa qilmoq

communication - aloqa

communicative - 1) gaplashish; 2) kirishimli

uncommunicative - odamovi

communicator - suhbatdosh

convince - ishontirmoq

convinced - ishongan 43

convincing - ishonarli

unconvincing - ishonarli bo'lmagan

discuss - muhokama qilmoa

discussion - muhokama

edit - tahrir qilmoq, muharrirlik qilmoq

editor - tahrirchi, muharrir

editorial - tahririy, tahrirga oid

edited - tahrirlangan

humour - yumor, hazil, kulgi

humourous - kulgili

humourless - hazillashmaydigan

inform - ma'lumot bermoq

information - ma'lumot

informed - xabardor, ma'lumotga ega

uninformed - xabarsiz, ma'kumotga ega emas

informative - informatsion, xabar beradigan

uninformative - xabar bermaydigan

journal - jurnal

journalist - jurnalist

journalism - jurnalistika

journalistic - jurnalistik

politics - siyosat

political - siyosiy

politically - siyosiy jihatdan

politician - siyosatchi

power - kuch

powerful - kuchli

powerfully - kuchli ravishda

powerless - kuchsiz
powerlessly - kuchsiz ravishda
empower - kuch bermoq
ridicule - masxara qilmoq
ridiculous - kulgili
ridiculously - mantiqqa to'g'ri
kelmaysigan darajada
ridiculousness - bema'nigarchilik
second - ikkinchi
secondly - ikkinchidan
secondary - ikkinchi darajali
write - yozmoq
writer - yozuvchi
writing - yozish
wrote - write fe'lining o'tgan zamon
shakli
written - yozilgan
unwritten – yozilmagan
Destination B2
UNIT 10. PEOPLE AND SOCIETY
relationship - rishta
connection - aloqa, bog'liqlik
blame - aybdorlik
fault - xato
old - 1) eski; 2) katta, qari
ancient - qadimiy
crowd - olomon, omma
audience - auditoriya, tomoshabin
enjoy - rohatlanmoq
please - xursand qilmoq
support - hamma zaruriyat (pul, oziq-
ovqat, himoya,...) bilan ta'minlamoq
assist - yordam bermoq
kind - mehribon
polite - xushmuomala
sympathetic - hamdard, achinadigan
likeable - yoqimtoy
nervous - asabiy
bad-tempered - jahldor, tez
asabiylashadigan
sensitive - ta'sirchan, yig'loqi
sensible - aqlli, ma'noli, bamani
company - ulfatchilik

group - guruh
popular - mashhur, sevimli
famous - mashhur, taniqli
typical - ...ga xos
usual - odatiy
ordinary - oddiy
close - yaqin, qalin (rishta)
near - yaqin (joy)
unknown - noma'lum
infamous - yomon otlig', yomon nom
chiqargan
ask after - ...haqida yangilik so'ramoq
bring up - voyaga yetkazmoq
fall for - 1) sevib qolmoq; 2) yolg'onga
ishonmoq
fall out (with) - janjallashib qolmoq
get on (with) - (bilan) yaxshi
chiqishmoq
grow up - katta bo'lmoq, ulg'aymoq
look down on - mensimay qaramoq
look up to - hurmat qilmoq
make up - yarashmoq, qayta do'st
tutinmoq
pass away - olamdan o'tmoq
pick on - kamsitishda davom etmoq
put down - kamsitmoq
settle down - 1) jim bo'lib qolmoq; 2)
tinchib yashab ketmoq, turmushga
chiqib o'z-o'zidan tinchib ketmoq
stand up for - tarafini olmoq
take aback – hayratlantirmoq
show/give (your) approval of/for sth -
ni ma'qullamoq
meet with sb's approval - ga ma'qul
kelmoq
have an argument (with sb) (about
sth/doing) - (...bilan) (ustida)
tortishmoq, bahslashmoq
win/lose an argument - bahsda
yutmoq/yutqizmoq
take care (of sb/sth) - ga g'amxo'rlik
qilmoq

care for/about sth/sb - haqida qayg'urmoq

have the courage to do - ...ni bajarishga jasorati bo'lmoq

it takes courage to do - ...jasorat talab etadi

in disguise - niqobda

wear a disguise - niqob kiymoq

disguise yourself - niqoblanmoq

disguised as sth/sb - ...dek niqoblanmoq

have a dream about (sth/sb/doing) - haqida orzu qilmoq/tush ko'rmoq

daydream - xayol surmoq

dream of/about - ...ni orzu qilmoq

have/start a family - oila qurmoq

nuclear family - kichik oila (faqat ota-ona va farzand yashaydi)

extended family - katta oila (1 ta uyda bobo, buvi, amma, xola, ... lar yashaydi)

do/owe sb a favour - birovga yordam bermoq/yordam berish qarziligini bilmoq

be in favour of - ning tarafida bo'lmoq, qo'shilmoq

make/become/be friends (with sb) - ...bilan do'stlashmoq

stay friends - do'st bo'lib qolmoq

best friend - qalin do'st

be/fall in love with sb - ...bilan sevishmoq

in a good/bad mood - yaxshi/yomon kayfiyatda

in the right/wrong mood - ma'qul/nomaqbul kayfiyatda

(be) in the mood for - ...ni qila oladigan kayfiyatda bo'lmoq

pity sb - ...ga achinmoq

take pity on sb - ga achinmoq

feel pity for sb - ga achinmoq

it's a pity that - afsuski...

promise to do - ...ni bajarishga va'da bermoq

give/make sb a promise - va'da bermoq

break a/your promise - va'da(si)ni buzmoq

agree with/on/to sth - biror narsaga rozi bo'lmoq

agree with sb - ...ning fikriga qo'shilmoq

agree to do - qilishga rozi bo'lmoq

agree that - ...ga rozi bo'lmoq

allow sb to do - biror kishiga .. qilishga ruxsat bermoq

allow sth - biror narsaga ruxsat bermoq

approve of sth/doing - biror narsa qilishni ma'qullamoq

approve sth - biror narsani ma'qullamoq

ask sb sth - biror kishidan biror nima so'ramoq

ask sb to do sth (for you) - biror kishidan (siz uchun) biror narsa qilishini so'ramoq

ask about/for sth - haqida so'ramoq

ask if/whether - ...shundaymi yoki yo'qmi so'ramoq

attack sth - biror narsaga hujum qilmoq

attack sb for sth/doing - kimdirga ...qilgani uchun hujum qilmoq

an attack on sth/sb - biror narsa yoki odamga hujum

ban sb from sth/doing - kimdirni biror narsa qilishini ta'qiqlamoq

ban sth - biror narsani ta'qiqlamoq

convince sb (of sth) - kimdirni biror narsaga ishontirmoq

convince sb to do - qilishga kimdirni ishontirmoq

convince sb that - ...ga kimdirni ishontirmoq

force sb to do sth - kimdirni biror narsaga majburlamoq

force sb into sth/doing - kimdirni biror narsa qilishga majburlamoq

independent of/from sth - biror narsadan ozod, holi, mustaqil

let sb do sth - kimdirga biror narsa qilishga ruxsat bermoq

object to sth/doing - biror narsaga qarshi bo'lmoq

pretend to be - o'zini bo'lgandek tutmoq

pretend to do - qilgandek ko'rsatmoq

pretend that - ...ni da'vo qilmoq

rely on sth/sb - biror narsa yoki odamga ishonmoq, suyanmoq

able - qobilyatli

unable - qobilyatsiz

ability - qobilyat

inability - qobilyatsizlik

disabled - nogiron

disability - nogironlik

achieve - muvaffaqiyatga erishmoq

achievement - muvaffaqiyat, zafar

argue - bahslashmoq, tortishmoq

argument - bahs, munozara

argumentative - bahsli, munozarali

care - e'tibor qilmoq

careful(ly) - xushyor(ona)

careless(ly) - e'tiborsiz (tarzda)

caring - g'amxo'r

uncaring - bemehr

correspond - 1) mos kelmoq; 2) xat yozishmoq

correspondence - 1) aloqadorlik; 2) xat, yozishmalar

friend - do'st

friendship - do'stlik

friendly - do'stona

unfriendly - adovatli; do'stona emas

happy - xursand

unhappy - xafa

happiness - baxt

unhappiness - baxtsizlik

happily - xursandchilik bilan

unhappily - baxtsizlarcha

jealous - rashkchi; hasadgo'y

jealousy - rashk

jealously - rashk qilgan tarzda

kind - mehribon

unkind - mehrsiz

kindness - muloyimlik

unkindness - qo'pollik

kindly - muloyimlik bilan

marry - turmush qurmoq/uylanmoq

marriage - turmush

married - turmush qurgan/uylangan

unmarried - turmush qurmagan/uylanmagan

nerve - asab

nervous - asabiy

nervously - asabiylashib, asabiy tarzda

nervousness - asabiylik

obey - bo'ysunmoq

disobey - bo'ysunmaslik, bosh tortmoq

obedient - itoatkor

obediently - itoatkorona

disobedient - itoatsiz

disobediently - itoatsizlarcha

obedience - itoatkorlik

disobedience - itoatsizlik

person - shaxs

personal - shaxsiy

personally - shaxsan

impersonal - 1) shaxssiz, shaxsi noma'lum; 2) g'ayriinsoniy

impersonally - g'ayriinsoniy tarzda

polite - muloyim

impolite - qo'pol

politely - muloyimlik bilan

impolitely - qo'pol tarzda

politeness - muloyimlik

impoliteness - qo'pollik

relate - bog'lamoq

relative - qarindosh

relatively - nisbatan

relation - bog'liqlik

relationship - rishta

willing - ...ni xohlaydigan

unwilling - ...ni xohlamaydigan

willingness - xohish

unwillingness - xohlamaslik

willingly - xohlab

unwillingly – xohlamay

Destination B2

UNIT 12. The law and crime.

proof - dalil

evidence - isbot

suspect - shubhalanmoq

arrest - hisibga olmoq

charge - ayblamoq

suspect - gumondor

accused - aybdor

decision - qaror

verdict - hukm

commit - sodir etmoq

break - qonunni buzmoq

rule - qoida

law - qonun

justice - adolat

right - huquq

judge - sudya

jury - hakamlar hay'ati

prosecute - sudga bermoq

persecute - tahqirlamoq

capital punishment - o'lim jazosi

corporal punishment - do'pposlash

robber - o'g'ri

burglar - binoga bostirib kiruvchi, talonchi

thief - o'g'ri

vandal - jamoat mulkini talon taroj qiluvchi

hooligan - xuligan, bezori

sentence - hukm qilmoq

imprison - qamamoq

inocent - aybsiz

guilty - aybdor

witness - guvoh

bystander - voqeani uzoqdan ko'rgan guvoh

lawyer - huquqshunos

solicitor – advokat

back down - shashtidan qaytmoq

break out - qamoqdan qochmoq

bring in - yangi tizimni yoki qonunni joriy etmoq

Chase after - ortidan quvmoq

come forward - yordam yoki ma'lumot taklif etmoq

get away with - jazodan qutulmoq

go off - portlamoq

hand in - hukumatga topshirmoq

hold up - 1) zo'ravonlik bilan o'g'rilik qilmoq; 2) keyinga qoldirmoq

let off - 1) ozroq yoki umuman jazo bermaslik; 2) portlatmoq

look into - tekshiruv ishlarini olib bormoq

make off - qochmoq

take down - boshqalarni gapini yozib olmoq

take in - yolg'onni xiyla bilan ishontirmoq

account - hisob

on account of - ning hisobida

take into account - hisobga olmoq, xulosa qilmoq

account for sth - biror narsa uchun hisob

advantage - foyda

take advantage of sth/sb - biror narsa yoki odamdan foydalanmoq (o'z maqsadi yo'lida)

have an advantage over sth/sb - biror narsa yoki odamdan ustunlikka ega bo'lmoq

at an advantage - muvaffaqiyatli, foydali holatda

one advantage of sth - biror narsaning bir foydasi

blame - ayblamoq

be to blame (for sth/doing) - biror narsada ayblanmoq

get/take the blame (for sth/doing) - biror narsada aybni bo'yniga olmoq

put the blame on sth/sb - aybni biror narsa yoki odamga qo'ymoq

blame sth (on sb) - biror narsada biror odamni ayblamoq

blame sb for sth/doing - kimdirni biror narsa uchun ayblamoq

damage - talofat

do/cause damage (to sth) - biror narsaga talofat yetkazmoq

fault - xato

at fault - aybdor

find fault with sth/sb - biror narsa yoki odamdan xato topmoq

intention - niyat

have the intention of doing - qilish niyati bo'lmoq

have no intention of doing - qilish niyati yo'q

mistake - xato

make a mistake - xato qilmoq

a mistake (to do) - qilish uchun xato

mistake sb for sb - biror kimni adashtirmoq, o'xshatmoq

do sth by mistake - biro narsani bilmasdan, adashib qilmoq

necessary - kerakli

necessary (for sb) to do - kimdir uchun qilishga kerakli

order - tartib

in order - hammasi joyida

put sth in order - biror narsani tartiblab qo'ymoq

in order to do - qilish uchun

give an order (to sb) (to do) - kimdirga qilishni buyruq bermoq

permission - ruxsat

give sb permission to do - kimdirga biror narsa qilish uchun ruxsat bermoq

ask (sb) for permission to do - biror kishidan qilish uchun ruxsat so'ramoq

have/ask/get permission (from sb) to do - qilish uchun biror kishidan ruxsati bo'lmoq/so'ramoq/olmoq

purpose - maqsad

do sth on purpose - biror narsani ataylab qilmoq

purpose of sth - biror narsadan maqsad

reason - sabab

reason for sth - biror narsa uchun sabab

reason with sb (phr verb) - kimdir bilan oqilona bo'lishga undab gaplashish

solution - yechim

have a solution to sth - biror narsaga yechim bo'lmoq

find a solution to sth - biror narsaga yechim topmoq

think of a solution to sth - biror narsaga yechim o'ylamoq

work out a solution to sth - biror narsa yechimi ustida ishlamoq

come up with a solution to sth - biror narsa uchun yechimga kelmoq

figure out a solution to sth - biror narsaga yechim topmoq

wrong - xato

do wrong - xato qilmoq

do the wrong thing - xato narsani qilmoq

the wrong thing to do - qilish uchun xato narsa

go wrong - ishi chappasiga ketmoq

the wrong way up – chappa

accuse sb of sth/doing - kimdirni biror narsada ayblamoq

arrest sb for sth/doing - kimdirni biror narsa uchun qamamoq

charge sb with sth - kimdirni biror narsada ayblamoq

claim to be/do - bo'lishni/qilishni da'vo qilmoq

claim that - ...ni da'vo qilmoq

deny sth/doing - biror narsani rad etmoq

doubt sth - biror narsadan shubhalanmoq

doubt that - ...ga shubha qilmoq

doubt if/whether - ...mi yoki yo'qligiga shubha qilmoq

forgive sb for sth/doing - kimdirni biror narsa qilgani uchun kechirmoq glimpse sth - biror narsaga ko'zi tushib qolmoq, ko'rib qolmoq

catch a glimpse of sth - biror narsani ko'rib qolmoq

guilty of sth/doing - biror narsaning aybdori

legal (for sb) to do - biror kishi uchun qilish qonuniy

make sb do - qilishga undamoq

be made to do - 1) qilish uchun yaralgan; 2) majburlanmoq

refuse to do sth - biror narsa qilishni rad etmoq

refuse sth - biror narsani rad etmoq

respect sth - biror narsani hurmat qilmoq

respect sb for sth/doing - biror kishini biror narsa uchun hurmat qilmoq

have respect for sth/sb - biror narsa yoki odam uchun hurmati bo'lmoq

threaten to do - qilish uchun qo'rqitmoq

threaten sb with sth - kimdirni biror narsa bilan qo'rqitmoq

accuse - ayblamoq

accused - ayblanuvchi

accusation - ayblov

addict - mukkasidan ketmoq, o'rganib qolmoq

addicted - mukkasidan ketgan, o'rganib qolgan

addictive - o'ziga o'rgatib qo'yadigan

addiction - o'rganib qolish

convict - hukm qilmoq, aybdor deb topmoq

convicted - mahkum qilingan

conviction - hukm qilish

crime - jinoyat

criminal - jinoiy

evident - aniq, ayon

evidence - dalil, isbot

evidently - yaqqol ko'rinib turgan

forge - soxtalashtirmoq

forgery - 1) soxtalashtirish; 2) soxtalashtirilgan narsa

forger - soxtalashtiruvchi odam

honest - vijdonli

dishonest - vijdonsiz

honesty - vijdon

dishonesty - vijdonsizlik

honestly - vijdonan

dishonestly - vijdonsizlarcha

investigate - tergov olib bormoq

investigative - tergovga oid

investigation - tergov

investigator - tergovchi

law - qonun

lawyer - advokat

lawful - qonuniy

unlawful - g'ayriqonuniy

murder - qotillik

murderer - qotil

offence - 1) haqorat qilmoq; 2) qonunni buzmoq

offensive - haqoratomuz

offend - 1) xafa qilmoq; 2) qonunni buzmoq

offender - 1) dilozor; 2) qonunbuzar

prison - qamoq

prisoner - mahkum

imprison - qamoqqa olmoq

imprisoned - qamoqqa olingan

imprisonment - qamoqqa olish

prove - isbotlamoq

proof - isbot

proven - isbotlangan

unproven - isbotlanmagan

disprove - noto'g'riligini isbot qilmoq

rob - o'g'irlik qilmoq

robbery - o'g'irlik

robber - o'g'ri

secure - xavfsiz

insecure - xatarli, xavfli

security - xavfsizlik

insecurity - xavf

theft - o'g'irlik

thief - o'g'ri

Destination B2

Unit 14. Health and fitness

prescription - shifokor retsepti

recipe - ovqat retsepti

operation - operatsita, jarrohlik

surgery - jarrohlik

sore - og'riq

hurt - og'rimoq

pain - kuchli og'riq

illness - kasallik; kasallik davri

disease - kasallik

injured - jarohatlangan

damaged - zararlangan

thin - ozg'in

slim - (jozibali) ozg'in

remedy - shifo

cure - davo

therapy - muolaja

effect - ta'sir

result - natija

healthy - sog'lom

fit - shug'ullangan, sog'lom, baquvvat

examine - tekshirmoq

investigate - izlanish olib bormoq

infection- infeksiya

pollution - ifloslanish

plaster - plaster; gips

bandage - bint

ward - shifoxona bo'limi

clinic - klinika

dose - doza

fix - narkotik modda kunlik ehtiyoj
dozasi

fever - yuqori isitma

Rash – toshma

break out - to'satdan boshlamoq

bring on - kasallik keltirib chiqarmoq

come down with - bilan kasallanmoq

come round/to - xushiga kelmoq

cut down (on) - qisqartirmoq,
kamaytirmoq

feel up to - biror ish qiloladigan
darajada o'zini yaxshi his qilmoq

get over - tuzalmoq

give up - voz kechmoq

look after - g'amxo'rlik qilmoq

pass out - tasodifan xushidan ketib
qolmoq

pull through - o'g'ir kasallikdan zo'rg'a
tuzalmoq

put down - kasal yoki qari hayvonni
o'ldirmoq

put on - semirmoq

wear off - ta'sirini yo'qotmoq

alternative - muqobil

alternative medicine/therapy -
an'anaviy tibbiyot

find an alternative (to sth) - biror narsa
uchun muqobil variantini topmoq

appointment - uchrashuv

make an appointment - uchrashmoq

have an appointment - uchrashuvi
bo'lmoq

break an appointment - uchrashuvni
buzmoq, bekor qilmoq

bath - vanna

have/take a bath - dush qabul qilmoq

run a bath (for sb) - vannani suv bilan
to'ldirmoq

danger - xavf

in danger - xavfda

out of danger - xavfsiz

exercise - mashq

do an exercise - mashq qilmoq

take/get some exercise - biroz mashq
qilmoq

fit - sog'lom

get/stay/keep/be fit - sog'lom, baquvvat
bo'lmoq

fit and healthy - sog'lom va baquvvat

good - yaxshi

do sb good - foydasi bo'lmoq

sth does you good - sizga foydasi
tegadigan biror narsa

good for sb (to do) - kimdir uchun mos/yaxshi

health - sog'liq

in good/bad/poor health - yaxshi/yomon/juda yomon sog'likda bo'lmoq

health centre - salomatlik markazi

health care - sog'liqni saqlash

injection - ukol

have an injection (for/against sth) - ...uchun/qarshi ukol olmoq

give sb an injection - emlamoq, ukol qilmoq

medicine - 1) tibbiyot; 2) dori

take medicine - dori qabul qilmoq

prescribe medicine - dori yozib bermoq

practise/study medicine - tibbiyot sohasida o'qimoq

the best medicine - eng yaxshi dori

alternative medicine - an'anaviy tibbiyot

shape - shakl

get in/into shape - yaxshi jismoniy holga kelmoq

stay/keep in shape - formada turmoq, vaznini saqlamoq

the shape of sth - biror narsaning shakli

in the shape of - ...ning shaklida, hisobida

spread - tarqalmoq

spread sth - biror narsani tarqatmoq

spread sth over/on sth - bir necha muddatga bo'lib taqsimlanmoq

spread to a place - biror joyga tarqalmoq

addicted to sth - biror narsaga o'rganib qolmoq

attempt to do - qilishga harakat qilmoq

benefit from sth - biror narsadan foyda olmoq

a benefit of sth - biror narsaning foydasi

complain (to sb) (about sth/sb doing) - biror kimga biror narsa/odamdan shikoyat qilmoq

complain of sth - biror naradan shikoyat qilmoq

cope with sth/doing - biror narsani uddalamoq

inject sth into sth/sb - biror narsaga sarmoya kiritmoq

lead to sth/(your) doing - biror narsaga olib bormoq

likely to do - qilishi ehtimol

it is (un)likely that - bu ehtimol(emas)

need to do - qilish kerak

need doing - qilinishi kerak (odatda passiveda qo'llaniladi)

in need of - ...ga muhtoj

no need for - uchun hojat yo'q

operate on sb/sth - biror kishi yoki narsani boshqarmoq

suffer from sth - 1) biror narsadan aziyat chekmoq; 2) biror kasallik bilan kasallanmoq

suffer sth - biror narsani azoblamoq

tired of sth/doing - biror narsadan charchagan

try to do - qilishga harakat qilmoq

try sth/sb/doing - biror narsani sinab ko'rmoq

try and do - 1) harakat qil va bajar; 2) Ko'pincha "try to do" o'rnida ham ishlatiladi va uning informal shakli hisoblanadi

worry about sth/sb doing - biror narsa yoki odamdam havotir olmoq

worried that - ...dan xavotirlargan

worried about/by - ...dan xavotirlangan

worth sth/doing - arzimoq, munosib bo'lmoq

allergy - allergiya

allergic - 1) allergiyasi bor; 2) allergiya keltirib chiqaradigan

aware - xabardor

unaware - bexabar

awareness - xabardorlik

benefit - foyda; foyda olmoq

beneficial - foydali

comfort - qulaylik; taskin bermoq

discomfort - noqulaylik

comfortable - qulay

uncomfortable - noqulay

comfortably - qulay tarzda

uncomfortably - noqulay tarzda

emphasis - urg'u, alohida e'tibor

emphasise - urg'u, alohida e'tibor
bermoq

emphatic - ta'kidlangan

fit - shug'ullangan, sog'lom, baquvvat

unfit - yomon holatda

fitness - fitnes

ill - kasal

illness - kasallik

inject - ukol qilmoq

injection - ukol

injure - jarohatlanmoq

injury - jarohat

injuries - jarohatlar

operate - 1) operatsiya qilmoq; 2)
boshqarmoq

operation - operatsiya

operator - boshqaruvchi

operating - boshqarish

cooperate - hamkorlikda ishlamoq

cooperation - korpiratsiya, hamkorlik

cooperative - hamkorlikdagi

uncooperative - hamkorlikka nomoyil
(odamga nisbatan)

poison - zahar

poisonous - zaharli

poisoning - zaharlanish

recover - tuzalmoq

recovery - tuzalish

strong - kuchli

strength - kuchlilik

strengthen - kuchaytirmoq

strongly - kuchli tarzda

surgery - jarrohlik

surgeon - jarroh

surgical - jarrohlikka oid

surgically - jarrohlikka oid tarzda

treat - davolamoq

treatment – davolash

Destination B2

**Unit 16. Food and drink - taom va
ichimliklar**

chop - qiymalamoq, chopmoq

slice - to'g'ramoq

grate - qirg'ichdan ótkazmoq

bake - duxovkada pishirmoq

grill - qo'rada pishirmoq

fry - yog'da qovurmoq

roast - qizdirib quritmoq

boil - qaynagan suvda pishirmoq

cook - oshpaz

cooker - gazplitasi

chef - bosh oshpaz

oven - duxovka

grill - gaz plitasi duxovkasi

hob - gazning ustki qismi

kitchen - oshxona

cuisine - pishirish usuli

lunch - tushlik

dinner - kechki ovqat

plate - tarelka

bowl - kosa

saucer - likobcha

dish - taom

vegetarian - vegetarian (go'sht
maxsulotlari yemaydigan)

vegan - (hayvonlarning barcha
maxsulotlarini, shuningdek sut
mahsulotlarini yemaydigan)

fast food - tez tayyor bo'ladigan ovqat

takeaway - (restorandan) olib ketsa
bo'ladigan ovqat

kettle - choynak (qaynatadigan)

teapot - choynak (choy damlanadigan)

freezer - muzxona (muzlatgich)

fridge - muzlatgich

frozen - muzlatilgan,muzlagan

mix - aralashtirmoq

stir - qo'zg'amoq

whisk - ko'piklatmoq, ko'pirtirmoq
soft drink - toza ichimlik (spirtsiz)
fizzy drink - gazli ichimlik
menu - menyu, taomnoma
catalogue – katalog
drop in (on) - kutilmaganda tashrif buyurmoq
get on for - biror (vaqt, miqdor, yosh, ...) ga yaqinlashmoq
go off - aynimoq
go on - davom etmoq
go/come round - kimnidir uyiga ularni ko'rish uchun bormoq
keep on - davom etmoq
leave out - hisobga olmaslik
put off - ko'nglini qoldirmoq
run into - to'satdan uchratib qolmoq
take to - 1) yoqtira boshlamoq; 2) nimadir qilishni odatlantirmoq
try out - sinab ko'rmoq
turn out - bo'lib chiqmoq
turn up - paydo bo'lib qolmoq
cook - pishirmoq; oshpaz
a good/great cook - yaxshi/zo'r oshpaz
cook a meal/chicken - ovqat/tovuq pishirmoq
do the cooking - pishirmoq
drink - ichmoq
make (sb) a drink - (kimgadir) ichiklik tayyorlab bermoq
have a drink (of sth) - (...ni) ichmoq
drink sth - ...ni ichmoq
drink to sb - kimningdir sharafiga ichmoq
drink to sb's health - kimningdir sog'lig'i uchun ichmoq
drink a toast to sb - qadah so'zi aytib ichmoq
feed - ovqatlantirmoq, boqmoq
feed an animal - hayvonga ovqat bermoq
feed on sth - ...evaziga ovqatlanmoq, ...dan oziqlanmoq

fill - to'ldirmoq
full sth up - ...ni to'ldirmoq
filled with sth - ...bilan to'ldirilgan
full of sth - ...bilan to'la
food - ovqat
make/prepare/cook food - ovqat tayyorlamoq
serve food - ovqat suzib bermoq, taom tortmoq
fast/junk food - tez tayyor bo'ladigan, ko'chada yeb yurishga qulay ovqatlar (xotdog,hamburger)/tez tayyor bo'ladigan,sog'liq uchun zararli bo'lgan ovqatlar
health food - foydali mahsulot, taom
meal - taom
make/cook a meal - ovqat qilmoq
have a meal - ovqat yemoq
go out for a meal - ovqat yegani ko'chaga chiqmoq
note - qayd
make/take/keep a note of sth - .. qayd etib qo'ymoq
note sth down - qayd etib qo'ymoq
occasion - vaziyat
on this/that occasion - bu/u holatda
on occasion - ba'zida
on the occasion of sth - muhim bir voqea jarayonida
special occasion - maxsus voqea, bayram, tug'ilgan kun
recipe - retsept
follow a recipe - retseptga kóra qilmoq
recipe book - retseptlar kitobi
recipe for disaster - halokatga olib keladigan yo'riqnoma
table - stol
lay/set the table - dasturxon yozmoq
clear the table - dasturxonni yig'ishtirmoq
book/reserve a table - dasturxon, stol buyurtma bermoq (restoran)
wash - yuvmoq

wash the dishes - idishlarni yuvmoq
wash one's hands - qo'llarini yuvmoq
do the washing-up - idishlarni yuvmoq
dishwasher - idish yuvadigan mashina
washing machine - kir yuvish mashinasi
associate sth/sb with sth/sb - biror
narsa yoki odamni boshqa biriga
o'xshatmoq
careful with/about/of sth - biror
narsada ehtiyot bo'lmoq
choose between - ikki narsa orasidan
tanlamoq
choose to do - qilishni tanlamoq
compliment sb on sth - kimdirni biror
narsa uchun maqtamoq
full of sth - biror narsaga to'la
lack sth - biror narsa yetishmasligi
lack of sth - kam
lacking in sth - biror narsada kam
bo'lmoq
offer sb sth - biror kishiga biror narsani
taklif qilmoq
offer sth (to sb) - biror narsani biror
kishiga taklif qilmoq
offer to do - qilishni taklif qilmoq
regard sb as (being) sth - biror odamni
biror narsa bo'lgan deb hisoblamoq
remember to do - qilishni eslamoq
remember sth/sb/doing - biror narsa
yoki odamni eslamoq
remember that - ...ni eslamoq
suggest sth/doing (to sb) - biror kishiga
biror narsani maslahat bermoq
suggest that - ...ni maslahat bermoq
tend to do - odatda
wait for sth/sb - biror narsa yoki
odamni kutmoq
wait (for sth) to do - qilishini kutmoq
wait and see - kut va tomosha qil
willing to do – xohlamoq
anxious - hayajonlanmoq, xavotir olmoq
anxiously - hayajonlanib, intiqib, orziqib
anxiety - hayajon

appreciate - qadrlamoq
appreciative - mamnun bo'lgan,
minnatdor bo'lgan
unappreciative - mamnun emas
appreciatively - mamnun tarzda
unappreciatively - mamnun tarzda emas
appreciation - qadriga yetish;
minnatdorchilik
contain - o'z ichiga olmoq
container - idish; konteyner
content(s) - ichidagi narsalar
create - yaratmoq
creative - ijodiy
creatively - ijodiy tarzda
creation - yaratish
creativity -ijodkorlik
creator - yaratuvchi
disgust - nafratini uyg'otmoq
disgusting - jirkanch, yoqimsiz
disgusted - nafratlangan
grow - o'smoq Growth - o'sish
grown-up - voyaga yetgan
growing - o'sayotgan
grown - o'sgan
home-grown - uyda o'stirilgan
grower - parcarish qiluvchi, o'stiruvchi
mix - aralashtirmoq
mixed - aralash
mixture - aralashma
mixer - mikser, aralashtirgich
origin - kelib chiqishi
original - asl nusxasi
originally - asl kelib chiqishi
originate - keltirib chiqarmoq
originator - o'ylab topgan kishi
prepare - tayyorlamoq
preparation - tayyorgarlik
preparatory - tayyorlov
prepared - tayyorlangan
unprapared - tayyorlanmagan
safe - xavfsiz
unsafe - xavfsiz emas
safely - xavfsiz tarda

unsafely - xavsiz tarda emas
save - saqlamoq
safety - xavfsizlik
saviour - xaloskor, qutqaruvchi
saver - jamg'aruvchi; tejovchi
surprise - hayratlanmoq
surprising - hayratlanarli
unsurprising - hayratlanarli emas, tabiiy
surprisingly - hayratlanarli ravishda
unsurprisingly - tabiiyki
surprised - hayratlangan
sweet - shirin
sweetly - yoqimli tarzda; xushbo'y
sweetener - shakarning o'rnini bosuvchi qo'shilma
sweetness - shirinlik
thorough - atroflicha
thoroughly - tamoman, atroflicha
thoroughness - puxtalik, sinchikovlik

Destination B2
Unit 18. Education and learning - ta'lim va o'rganish

take - imtihon topshirmoq
pass - imtihondan o'tmoq
read - o'qimoq
study - tahsil olmoq
test - test
exam - imtihon
primary - boshlang'ich
secondary - o'rta
high - oliy, yuqori
collegue - hamkasb
classmate - sinfdosh
prefect - yetakchi
pupil - o'quvchi
student - talaba
qualifications - diplom
qualities - xislat
count - sanamoq
measure - o'lchamoq
degree - diplom
certificate - sertificat
results - natijalar

speak - gapirmoq
talk - gaplashmoq
lesson - dars
subject - fan
achieve - erishmoq
reach - yetishmoq
task - topshiriq
effort - harakat, urinish
know - bilmoq
recognise - tanimoq
teach - o'qitmoq
learn - o'rganmoq
catch on - tushunmoq
come (a) round (to) - o'ziga kelmoq
cross out - xato narsani ustidan chizmoq
dawn on - birdaniga tushunib yetmoq
deal with - eplamoq
get on with - davom etmoq
give in - shashtidan qaytmoq
keep up with - yetishib olmoq
sail through - judayam yaxshi eplamoq
set out - batafsil tushuntirmoq
think over - yaxshilab o'ylab ko'rmoq
attention - diqqat, e'tibor
pay attention (to sth/sb) - biror narsa yoki odamga diqqatini qaratmoq
attract (sb's) attention - biror kishining e'tiborini tortmoq
draw (sb's) attention to sth - biror kishining diqqatini biror narsaga qaratmoq
break - tanaffus
have/take a break (from sth/doing) - biror narsadan tanaffus qilmoq
lunch break - tushlikdagi tanaffus
tea break - choy ichish uchun qisqa tanaffus
commercial break - reklama tanaffusi
give sb a break - biror kishiga tanaffus bermoq
discussion - muhokama

have a discussion (with sb) about/on sth/doing - biror kishi bilan biror narsani muhokama qilmoq

exam - imtihon

take/do//have an exam - imtihon topshirmoq

pass an exam - imtihonni muvaffaqiyatli topshirmoq

fail an exam - imtihondan yiqilmoq

sit (for) an exam - imtihon topshirmoq

homework - uyga vazifa

do your homework - uyga vazifa bajarmoq

have homework (to do) - bajarish uchun uyga vazifa bo'lmoq

idea - g'oya

question an idea - fikrini so'ramoq

have an idea - g'oya bo'lmoq

bright idea - ajoyib g'oya

have no idea (about) - haqida fikrga ega emas

learn - o'rganmoq

have a lot to learn about sth/doing - biror narsa haqida o'rganadigani ko'p bo'lmoq

lear (how) to do - qanday qilishni o'rganmoq

lesson - dars

go to/have a lesson - darsga bormoq/qatnashmoq

double lesson - ikki para/soat dars

learn a/your lesson - dars olmoq, saboq olmoq

teach sb a lesson - biror kishiga saboq bermoq

mind - aql, miya

make up your mind (about sth/doing) - biror narsa haqida bir qarorga kelmoq

bear (sth) in mind - esda tutmoq

in two minds about sth/doing - ikkilanmoq

change your mind (about sth/doing) - fikrini o'zgartirmoq

cross your mind - hayoliga kelmoq

to my mind - fikrimcha

not mind if - ...ga qarshi emasmisiz

opinion - fikr

in my opinion - fikrimcha

give/express your/an opinion (of/about sth/doing) - biror narsa haqida fikr bildirmoq

hold/have an opinion (of/about sth/doing) - biror narsa haqida ma'lum fikrda bo'lmoq

pass - uzatmoq

pass sth (over) to sb - biror narsani biror kishiga uzatmoq

pass an exam/test - imtihon/test topshirmoq

pass a building - bino yonidan o'tmoq

point - fikr

see/take sb's point (about sth/doing) - biror narsa haqida biror kishining fikrini qabul qilmoq

(see) the point in/of sth/doing - biror narsaning ma'nisini uqmoq/ko'rmoq

there is no point in sth/doing - biror narsadsn foyda bo'lmaslik

make a point (of doing) - muhim narsaga qaror qilmoq

sense - his

make sense of sth - biror narsani his qilmoq

it makes sense to do - qilishdan ma'no bo'lmoq

sense of humour/taste/sight - yumor/ta'm bilish/ko'rish hisi

suggestion - maslahat

make/accept a suggestion - maslahatni qabul qilmoq

able to do - bajarishga qodir

admire sb for sth/doing - biror narsa uchun biror kishini hurmat qilmoq

boast of/about sth/doing to sb - biror kishiga biror narsa bilan maqtanmoq

capable of doing - bajarishga qobiliyatli

congrutulate sb on sth/doing - biror
kishini biror narsa bilan tabriklamoq
fail to do - qilishda muvaffaqiyatsizlikka
uchramoq
hope to do - qilishni umid qilmoq
hope that - ...ni umid qilmoq
learn about sth/doing - biror narsa
haqida o'rganmoq
learn to do - qilishni o'rganmoq
learn by doing - bajarish orqali
o'rganmoq
settle for/on sth - bir to'xtamga kelmoq
similar to sth/sb/doing - biror narsa
yoki odamga o'xshash
study sth - biror narsani o'qimoq
study for sth - biror narsa uchun
o'qimoq
succeed in sth/doing - biror narsada
muvaffaqiyat qozonmoq
suitable for sth/doing - biror narsa
uchun mos
suitable to do - bajarishga mos
academy - akademiya
academic - akademik
academically - ilmiy jihatdan
attend - 1) qatnashmoq; 2) e'tibor
bermoq
attention - diqqat
attentive - e'tiborli
attentively - e'tibor bilan
inattentive - e'tiborsiz
inattentively - e'tiborsizlik bilan
attendance - qatnashish
attendant - yordamchi
behave - o'zini tutmoq
behaviour - xulq-atvor
certify - 1)guvohlik
bermoq,tasdiqlamoq; 2)guvohnoma
bermoq,serrifikat bermoq
certificate - sertifikat
certified - kafolatlangan
educate - ta'lim bermoq
education - ta'lim

educator - ta'lim beruvchi
educational - ta'limga xos
educationally - ta'lim jihatidan
fail - muvaffaqiyatsizlikka uchramoq
failure - muvaffaqiyatsizlik
failing - muvaffaqiyatsizlikka uchrash
improve - yaxshilamoq
improvement - yaxshilanish
improved - yaxshilangan
intense - keskin, qizg'in
intensity - qizg'inlik
intensify - kuchaytirmoq
intensely - kuchli ravishda
literate - savodli
illiterate - savodsiz
literacy - savod, savodxonlik
llliteracy - savodsizlik, bilimsizlik
literature - 1) adabiyot; 2) asar
reason - sabab
reasonable - oqilona
unreasonable - asossiz
reasonably - o'rinli ravishda
unreasonably - asossiz ravishda
revise - takrorlamoq
revision - takrorlash
revised - qayta ko'rib chiqib
o'zgartirilgan
scholar - 1) olim, bilimdon; 2) a'lochi
o'quvchi
scholarship - stipendiya
scholarly - 1) salohiyatli; 2) ilmiy
scholastic - ta'limga oid
solve - hal qilmoq
solution - yechim
solvable - yechim topsa bo'ladigan
unsolvable - yechimi yo'q
study - o'qimoq, o'rganmoq
student - talaba
studies - izlanish, o'rganish
studious - o'qishni yaxshi ko'radigan,
izlanuvchan
teach - o'qitmoq
teacher - o'qituvchi

taught - o'qitilgan

think - o'ylamoq

thought - o'y, fikr

thinkable - tasavvur qilsa bo'ladigan

unthinkable - tasavvur qilib
bo'lmaydigan

thoughtful - o'ychan

thoughtless - bemulohaza

understand - tushunmoq

understanding - odamni tushunadigan

misunderstanding - anglashilmovchilik

understood - understand fe'lining o'tgan
zamon shakli

misunderstood - noto'g'ri tushungan

understandable - tushunarli

understandably – tabiiyki

Destination B2

**Unit 20. Weather and the
environment - ob-havo va atrof muhit**

urban - shaharga oid

suburban - shahar chetiga oid

rural - qishloqqa oid

smog - zavodlardan chiqqan zaharli
tutun

fog - tuman

smoke - tutun

mist - qirovli tuman

weather - ob-havo

climate - iqlim

forecast - ob-havo ma'lumoti

prediction - bashorat

waste - chiqindi

Litter - axlat

rubbish - axlat, chiqindi

clean - toza

clear - ochiq, tiniq (osmon)

pour - sharillab quymoq (yomg'ir)

drizzle - maydalab quymoq (yomg'ir)

flood - toshmoq, toshqin

environment - atrof-muhit, tabiat

surrounding - biror joy va undagi
narsalar

wind - shamol

air - havo

reservoir - suv ombori

lake - ko'l

puddle - ko'lmak

pond - hovuz

thunder - momaqaldiroq

lightning - chaqmoq

global - dunyoviy

worldwide - dunyo bo'ylab

plain - tekislik

land - yer

field - dala

desert - cho'l

extinct - yo'q bo'lib ketgan

endangered - xavf ostidagi

recycle - qayta ishlamoq

reuse - qayta foydalanmoq

call for - muxtoj bo'lmoq; talab qilmoq

call off - bekor qilmoq

clear up - (havoga nisbatan) ochilmoq

cut off - 1) biror bir joyga kirishni
imkonsiz qilmoq; 2) ta'minotni
to'xtatmoq; 3) uzulib qolmoq

die down - pasaymoq

do up - tuzatmoq

face up to - boricha qabul qilmoq

get (sb) down - xafa qilmoq

put down to - ga sabab deb bilmoq

put out - yonayotgan narsani o'chirmoq

set in - boshlamoq va ancha vaqt davom
etmoq

stand for - 1) ...ning qisqartmasi; 2)
chidamoq

tear down - buzib tashlamoq

throw away - tashlab yubormoq

control - nazorat

lose control - nazoratni yo'qotmoq

take control of (sth) - (...ning) nazoratini
qo'liga olmoq

have control of (sth of) - (... ning)
nazorati qo'lida bo'lmoq

out of control - nazoratdan tashqari

effect - ta'sir

have an effect (on sth) - (...ga) ta'siri bo'lmoq

take effect - (dori) ta'sir qila boshlamoq

end - yakun, oxiri

in the end - yakunida

at the end (of sth) - (...ning) oxirida

come to an end - tugamoq

come to/reach the end (of sth) - ...ning oxirida yetmoq

happy ending - baxtli yakun

floor - pol

on the floor - pol ustida

on the ground/first/second/etc. floor - birinchi/ikkinchi/uchinchi/va boshq. qavatda

fuss - behuda vahima

make/cause a fuss (about sth/doing) - (haqida) behuda tashvish tug'dirmoq

long - uzun

(for) as long as - agar

(for) long time - uzoq vart(dan beri)

take a long time (to do) - (bajarish) ko'p vaqtni olmoq

long to do - bajarish uchun uzoq

long for sth to do - biror narsani bajarish uchun uzoq

look - qaramoq

have/take a look at sth/sb - ga qaramoq

look like sb/sth - ...ga o'xshamoq

look at/for - ...ga qaramoq/ ...ni izlamoq

mess - tartibsizlik

make a mess (of sth) - ...ni to'zg'itmoq

in a mess - tartibsizlikda

responsibility - mas'uliyat

have/take (sth) responsibility for sth/doing - ...ga mas'ullikni olmoq

shower - dush

take/have a shower - dush qabul qilmoq

a rain shower - shiddat bilan yoqqan yomg'ir

a light/heavy shower of rain - siyrak/qalin yomg'ir

sight - ko'rish

catch/lose sight of sb/sth - ...ni ko'rib qolmoq/...ni ko'rmay qolmoq

in sight of sth - 1) ko'rinadigan joyda; 2) biror narsaga erishish arafasida

at first sight - birinchi ko'rinishda

waste - chiqindi

a waste of time - vaqtni bekor o'tkazish

waste your time - vaqtni bekorga sarflamoq

industrial/household waste - sanoat/uy chiqindisi

weather - ob-havo

weather forecast - ob-havo ma'lumoti

under the weather (idiom) - o'zini yaxshi his qilmaslik, kasal

world - dunyo

all over the world - butun dunyo bo'yicha

around the world - dunyo bo'ylab

throughout the world - dunyo bo'ylab

the whole world - butun dunyo

in the world - dunyoda

world record - jahon rekordi

aware of - dan xabardor bo'lmoq

aware that - ...dan xabardor bo lmoq

covered in/with - bilan qoplanmoq

disappointed with/by sth;in sb - ...dan xafa bo'lmoq

except (for) sth/doing - dan tashqari

expect sb/sth (to do) - birovning/biror narsaning (nimadir qilishini) kirmoq

expect that - kutmoq

familiar with sth - ...ni bilmoq, tanimoq

familiar to sb -...ga ma'lum, tanish

famous for sth/doing - ...bilan mashhur

glance at sth/sb - ...ga qaramoq

hard to do - qilish, bajarish qiyin

hard doing - qiyin ish

prevent sth - ...ni to'xtatmoq

prevent sb from doing - birovni biror nima qilishdan to'xtatmoq

prevent sth from happening - biror nima sodir bo'lishini to'xtatmoq short of sth - kam bo'lmoq

short on sth - kam bo'lmoq

warn sb about/against sth - haqida/...ga qarshi ogohlantirmoq

warn sb of sth - biror kimni biror nimadan ogohlantirmoq

warn sb not to do - birovga bajarmaslikni aytmoq, ogohlantirmoq

warn (sb) that - (kimnidir) ogohlantirmoq

accurate - aniq

accurately - aniq tarzda

inaccurate(ly) - noaniq(tarzda)

accuracy - aniqlik

inaccuracy - noaniqlik

danger - xafv

dangerous(ly) - xavfli (tarzda)

endanger - xavf solmoq

endangered - xavf ostidagi

develop - rivojlan(tir)moq

(in)developed - rivojlan(ma)gan

developing - rivojlanayotgan

developer - imorat soluvchi shaxs

development - rivojlanish

environment - atrof-muhit

environmental(ly) - atrof-muhitga oid (tarzda)

environmentalist - atrof-muhit bilan shug'ullanuvchi

extreme - daxshat

extremely - juda

extremity - chet, oxir

extremist - ekstrimist

freeze - muzlamoq

froze - muzladi

frozen - muzlagan

freezing - sovuq

freezer - muzxona

globe - dunyo

global(ly) - ommaviy (tarzda)

great - buyuk, katta

greatly - katta, yirik

greatness - buyuklik, kattalik

harm - zararlamoq

harmful - zararli

harmfully - zararli tarzda

harmless - zararsiz

harmlessly - zararsiz tarzda

harmed - zararlangan u

unharmed - zararlanmagan

likely - bo'lishi ehtimol

unlikely - bo'lishi ehtimoli kam

likelihood - ehtimol

low - past

lower - pastki

lowness - pastlik

nature - tabiat

natural - tabiiy

unnatural - tabiiy emas

naturally - tabiiy tarzda

unnaturally - tabiiy tarzda emas

neighbour - qo'shni

neighbourly - do'stona

neighbouring - qo'shni bo'lgan, yaqin

neighbourhood - qo'shnichilik

pollute - ifloslantirmoq

polluted - ifloslangan

unpolluted - ifloslanmagan

pollution - ifloslanish

pollutant - ifloslantiruvchi modda

reside - istiqomat qilmoq

residential - odamlar yashaydigan

resident - fuqaro

residence - yashash joyi

sun - quyosh

sunny - quyoshli

sunshine - quyosh charaqlashi

Destination B2

Unit 22. Money and shopping - pul va xarid

economic - iqtisodiy

economical - tejamkor, kamxarj

receipt - chek (sotib olganligi haqida)

bill - to'lov (iste'mol yoki xizmat uchun)

make - brend (ishlab chiqaruvchi kompaniya)

brand - brend
bargain - chegirmali narsa
sale -chegirma, aksiya
discount - chegirma
offer - chegirma, bonus
price - narx (odatda to'lashi
so'ralayotgan narxga nisbatan)
cost - narx (biror ish qilish yoki xizmat
haqiga nisbatan)
change - mayda pul
cash - naqd pul
wealth - boylik
fortune - omad, baxt
till - kassa javoni, tortmasi
checkout - kassa
products - mahsulotlar
goods - tovar
refund - to'lagan pulini qaytarib berish
exchange - almashish
fake - soxta, yasama
plastic – plastic
bank on - ga bog'liq
come across - tasodifan duch kelmoq
come by - erishish qiyin bo'lgan narsaga
erishmoq
come into - meros olmoq
do without ... siz yashamoq
get by - pulni bir amallab yetkazmoq
get through - tugatmoq
give away - bepul bermoq;
yashirmoqchi bo'lgan narsani oshkor
etish
live on - bilan tirikchilik qilmoq
look round - ko'rib chiqmoq (biror bir
joyni)
make out - kerakli ma'lumotlarni yozib
qo'ymoq
make up for - yaxshiroq narsa berib
ovuntirmoq
put by - kelajak uchun pul olib qo'ymoq
save up (for) - oz-ozdan pul olib
qo'ymoq (biror bir maqsad uchun)
amount - miqdor

an amount of sth - biror narsaring
miqdori
in large/small amount - katta/kichik
miqdorda
amount to - miqdor
charge - to'lamoq
charge sb (an amount of money) - biror
kishiga ma'lum miqdorda pul to'lamoq
pay a charge - to'lov to'lamoq
take charge (of sth/doing) - biror narsa
uchun mas'uliyatni o'z qo'liga olmoq
in charge (of sth/doing) - biror narsaga
mas'ul bo'lmoq
debt - qarz
in debt (to sb)- kimdandir qardor
get in/into debt - qarzga botmoq
clear a debt - hamma qarzini qaytarib
bermoq
owe sb a debt of gratitude - biror
kishidan minnatdorchilik bildirish
uchun qarzdor bo'lmoq
demand - talab qilmoq In demand - talab
yuqori
on demand - so'ralgan vaqtda, talab
qilinganda
a demand for sth - biror narsa uchun
talab
enough - yetarli
have enough of sth - biror narsa
yetarlicha bo'lmoq
have enough sth (to do) - bajarish uchun
biror narsa yetarlicha bo'lmoq
enough is enough - yetar bas, bo'ldi
dedimmi bo'ldi (ibora)
expense - chiqim
at sb's/your own expense - o'z
chiqimlari uchun
go to the expense of - pul sarflamoq
business expense - biznesdagi chiqim
expense account - chiqim hisobi
fortune - baxt, omad
make/earn/win/spend a fortune -
baxtga erishmoq, omadi kelmoq

cost (you) a fortune - (sizga) qimmatga
tushmoq
make your fortune - o'z baxtingni yarat
increase - oshmoq, o'smoq
an increase in sth (of a certain amount) -
biror narsada (ma'lum miqdordagi)
o'sish
a wage/price increase - maosh/narx
o'sishi
least - kam
at least - kamida
at the very least - juda kam
last but not least - shu qatorda (asosan,
tabrik, qutlov va minnatdorchilikda)
to say the least - kamida, aslida
bundanda ortiq
money - pul
make/earn money - pul ishlab topmoq
save money - pul yig'moq Have money -
puli bor bo'lmoq
spend money (on sth/doing) - biror
narsaga pul sarflamoq
short of money - puli kam bo'lmoq
do sth for the money - biror narsani
pulga qilmoq
notice - payqamoq
notice sb doing/do - kimdirni biror
narsa qilyotganini payqamoq
take notice of sth - biror narsaga
ahamiyat bermoq
at short notice - qisqa muddatda
give sb notice of - biror kishiga e'tiborini
qaratmoq
profit - foyda
make a profit (from sth) - biror
narsadan foyda olmoq
save - saqlamoq, yig'moq
save money/time - pul yig'moq/vaqtni
tejamoq
save sth for later - keyin uchun biror
narsa asramoq
shopping - xarid
do the shopping - xarid qilmoq

go shopping - do'konga bormoq
shopping centre - savdo markazi
window shopping - oynali do'konlar
afford to do - qilishga qurbi yetmoq
argue with sb - kimdir bilan
bahslashmoq
argue about sth/doing - biror narsa
haqida bahslashmoq
argue that - ...ni bahslashmoq
beg sb (for sth) - kimdirdan biror
narsani yalinib so'ramoq
beg sb to do - kimdirdan qilishini
so'ramoq
belong to sb/sth - biror odam/narsaga
tegishli
borrow sth (from sb) - biror narsani
biror kimdan qarzga olmoq
charge sb (for sth/doing) - biror kimni
biror narsa uchun ayblamoq
demand sth (from sb) - biror kimdan
biror narsani talab qilmoq
demand that - ...ni talab qilmoq
forget to do - bajarishni unutmoq
forget doing - bajarganini unutmoq
forget about sth/doing - biror narsa
haqida unutmoq
forget if/whether - ...mi yoki yo'qligini
unutmoq
lend sth to sb - biror narsani biror kimga
berib turmoq
lend sb sth - biror kimga biror narsani
berib turmoq
pay sb (for sth/doing) - biror kimga
biror narsa uchun to'lamoq
pay sth (to sb) - biror narsani biror
kimga to'lamoq
profit from sth/doing - biror narsadan
foyda olmoq
save sb from sth/doing - biror kimni
biror narsada saqlamoq
save sth for sth/sb - biror narsani biror
narsa yoki odam uchun asramoq

spend sth (on sth/sb/doing) - biror narsani biror narsa yoki odam uchun sarflamoq

accept - qabul qilmoq

acceptance - qabul qilish

accepting - qabul qilish

acceptable - qabul qilsa bo'ladigan

unacceptable - qabul qilib bo'lmaydigan

acceptably - ma'qul tarzda

unacceptably - noma'qul tarzda

assist - yordam bermoq

assistance - yordam

assistant - yordamchi

day - kun

daily - doimiy

everyday - har kuni

economy - iqtisod

economic - iqtisodiy

economical - tejamkor

uneconomical - befoyda

economically - iqtisodiy jihatdan

uneconomically - iqtisodiy jihatdan emas

end - tugatmoq

endless - tuganmas

endlessly - cheksiz ravishda

ending - oxir, yakun

unending - cheksiz

expense - chiqim

expensive - qimmat

inexpensive - qimmat emas

expensively - qimmat tarzda

inexpensively - qimmat tarzda emas

expenses - xarajatlar

finance - mablag'

financial - moliyaviy

financially - moliyaviy jihatdan

finances - moliya

invest - sarflamoq

investment - investitsiya

investor - investor

luxury - dabdaba

luxuries - plural form (ko'plik shakli)

luxurious - dabdabali

luxuriously - dabdabali tarzda

pay - to'lamoq

paid - to'langan

payment - to'lov

payable - to'lasa bo'ladigan

poor - kambag'al

poorly - nochor tarzda

poverty - kambag'allik

real - haqiqiy, real

unreal - haqiqiy emas

really - rostdan

realise - anglamoq

realisation - anglash

reality - haqiqat, reallik

realistic - real qarash

realistically - ochiqchasiga yondashganda

value - qadr

valuable - qadrli

invaluable - qadrsiz

valuably - qadrli tarzda

invaluably - qadrsiz tarda

valueless - qadrsiz

valuation - qadrlash

wealth - boylik

wealthy – boy

Destination B2

Unit 24. Entertainment - ko'ngilxushlik

enjoy - rohatlanmoq

entertain - ko'ngilzushlik qilmoq

play - spektakl

act - sahna ko'rinishi

star - yulduz (mashhur odam)

audition - kichik namoyish

rehearsal - repetitsiya, tayyorgarlik

rehearse - tayyorlanmoq

practise - mashq qilmoq

scene - sahna

scenery - ko'rinish; 2) sahna bezagi

stage - sahna

band - guruh (musiqachilar guruhi)

orchestra - orkestr (musiqa asarlarini birgalikda ijdo etuvchi guruh)

group - guruh

review - kino/teatr/kitob uchun tanqidiy taqriz

criticism - tanqid

ticket - chipta

fee - to'lov

novel - roman

fiction - badiiy asar

comic - komik, qiziqchi

cartoon - multfilm

comedian - kulgu ustasi

watch - tomosha qilmoq

see - ko'rmoq

look - qaramoq

listen - tinglamoq (tovush, ovoz, musiqalar quloqqa xohlab, diqqat va e'tibor bilan tinglanganda ishlatiladi)

hear - eshitmoq (tovush, ovoz, musiqalar quloqqa xohlab-xohlamasdan, beihtiyor eshitilganda ishlatiladi)

come (a)round - yana sodir bo'lmoq

count on - ga ishonmoq

drop off - uxlab qolmoq

drown out - biror kishini gapini eshtmaslik uchun yoki boshqalarni eshtishini xohlamaslik uchun undanda baland ovoz chiqarmoq

fall for - yolg'onga ishonmoq

get along (with) - yaxshi chiqishmoq

go down (as) - ... sifatida esda qolmoq

grow on - yoqtira boshlamoq

let down - kimnidir xafa qilmoq

name after - nomini bermoq

put on - ushlab turmoq; (rol) o'ynamoq

show off - o'zini ko'rsatmoq

take after - o'xshamoq

take off - tez mashhur bo'lmoq

fun - zavq

have fun - zavqlanmoq

be fun - zavqli bo'lmoq

make fun of sb - ustidan kulmoq

funny - kulguli

find sth funny - biror nimani kulguli deb topmoq

home - uy

make yourself at home - o'zingizni uyingizdagidek his qiling

be/stay at home - uyda bo'lmoq/qolmoq

go/get/leave home - uyga bormoq/kelmoq/uydan chiqmoq

make your way home - tark etmoq

impression - taassurot

give sb the impression - kimdadir taassurot uyg'otmoq

do an impression of sb - kimgadir taqlid qilmoq

have the impression - taassurotga ega bo'lmoq

make an impression on sb - kimdadir taassurot uyg'otmoq

joke - hazil

joke about (sth/doing) - haqida hazil

joke with sb - kim bilandir hazillashmoq

tell/make/hear/get/understand a joke - hazil aytib bermoq/hazil aytmoq(to'qimoq)/hazil eshitmoq/hazilni tushunmoq/hazilni tushunmoq

laugh at/about sth/sb - ustidan kulmoq/haqida kulmoq

laugh out loud - xandon otib kulmoq

roar with laughter - ich-ichidan kulmoq

have a laugh - kulmoq

part - qism; ro'l

take part in sth/doing - ...da ishtirok etmoq

be a part of sth - ...ning qismi bo'lmoq

part with sth - ...ni xohlamasdan birovga bermoq

have a part (in a play etc.) - (spektaklda va b.) rol ijro etmoq

party - ziyofat

have/throw a part for sb - kim uchundir ziyofat uyushtirmoq

give sb a party - ...ga ziyofat bermoq

go to a party - ziyofatga bormoq

dinner/birthday party - kechki ovqat/tug'ilgan kun ziyofati

play - rol ijro etmoq

play a role/part (in sth) - ...da rol o'ynamoq

play with sb/sth - ...bilan o'ynamoq

have a part/role to pay (in sth) - ...da ijro etadigan roli bo'lmoq

be/act/ in a play - spektaklda rol ijro etmoq

star in a play - spektaklda bosh rolni ijro etmoq

watch/see a play - spektakl tomosha qilmoq

queue - navbat

join in a queue - navbatga qo'shilmoq

in a queue - navbatda

queue up - navbatga turmoq

wait in a queue - navbatda kutmoq

show - ko'rsatmoq

put on a show - namoyish qilmoq

show appreciation (for sth/sb) - ...ga hurmat ko'rsatmoq

show sth to sb - nimanidir kimgadir ko'rsatmoq

show sb sth - kimgadir nimanidir ko'rsatmoq

on show - namoyishda

steal the show - e'tiborni og'irlamoq

silence - jimlik

in silence - jimlikda

voice - ovoz

in a low/deep/high/etc voice - past/past/baland ovozda

have a bad/good voice - yomon/yaxshi ovozi bo'lmoq

voice an opinion (about sth) - (haqidagi) fikrga munosabat bildirmoq

apologise to sb for sth/doing - kimdirdan biror narsa uchun kechirim so'ramoq

avoid sth/sb/doing - biror narsa yoki odamdan qochmoq

bound to do - bo'lishi aniq

deserve sth/to do - biror narsa xohlamoq

enjoy yourself - o'zidan rohatlanmoq

enjoy sth/doing - biror narsadan rohatlanmoq

happy to do sth - biror narsani qilishdan xursand

happy for sb (to do sth) - biror kim uchun xursand bo'lmoq

happy about sth/doing - biror narsadan xursand bo'lmoq

instead of sth/doing - biror narsaning o'rniga

like sth/doing - yoqtirmoq

like to do - qilishni yoqtirmoq

be like sth/doing - nimadirga o'xshash

be like sb (to do) - kimdirga o'xshash

promise to do - bajarishga va'da bermoq

promise sb (sth) - biror kimga biror nimani va'da bermoq

promise that - ...ni va'da bermoq

prove to do - qilishni isbotlamoq

prove sth to sb - biror narsani biror kimga isbotlamoq

say sth (to sb) - biror narsani biror kimga aytmoq

say that - ...ni aytmoq

supposed to do - qilishi kerak

talented at sth/doing - biror narsada talantli

act - harakat qilmoq

active - faol

inactive - nofaol

actively - faol tarzda

inactively - nofaol tarzda

acting - harakat qilish

actor - aktyor

actress - aktrisa
action - harakat
activity - faoliyat
inactivity - harakatsizlik
amuse - hayratlanmoq
amusing - hayratlanarli
unamusing - hayratlanarli emas
amusingly - hayrat bilan
unamusingly - hayrat bilan emas
amusement - hayrat
bore - zerikmoq
boring - zerikarli
boringly - zerikarli tarzda
bored - zerikkan
boredom - zerikish
converse - suhbatlashmoq
conversation - suhbat
current - hozir
currently - hozirgi
entertain - ko'ngilxushlik qilmoq
entertaining 'z ko'ngilxushlik qilish
entertainment - ko'ngilxushlik
entertainer - san'atkor, hordiq
chiqaruvchi odam
excite - hayajonlanmoq
exciting - hayajonli
unexcited - hayajonsiz
excited - hayajonlangan
excitedly - hayajonlangan tarzda
excitement - hayajon
fame - shuhrat
famous - mashhur
infamous - yomon nom bilan tanilgan
famously - mashhur bo'lgan
involve - o'z ichiga olmoq
involved - aloqador, bog'liq
uninvolved - aloqasi yo'q
involvement - aralashuv, aloqadorlik
perform - namoyish etmoq
performing - namoyish etish
performance - namoyish
performer - namoyish etuvchi
popular - mashhur

unpopular - mashhur bo'lmagan
popularly - ko'pchilik tomonidan
popularity - mashhurlik
say - aytmoq
saying - maqol
suggest - maslahat bermoq
suggested - maslahat berilgan
suggestive - 1) hisni uyg'otadigan'; 2)
eslatadigan
suggestively - hisni uyg'otadigan
suggestion - maslahat
vary - o'zgartirmoq
variable - o'zgaruvchan
invariable - o'zgarmas
variably - o'zgaruvchan tarzda
invariably - o'zgarmas tarda
varying - o'zgartirish
varied - o'zgartirilgan
various - turli xil
variously - turli xil tarzda
variation - o'zgarish
variety - xilma-xillik

Destination B2

Unit 26. Fashion and design - moda va dizayn

put on (phr v) - kiymoq
wear - kiymoq
costume - kostyum
suit - kostyum shim
dye - bo'yamoq (asosan mato va sochni)
paint - bo'yamoq
fit - loyiq, mos
suit - munosib
match - mos juftlik
cloth - mato
clothing - kiyim
blouse - kofta
top - tananing tepa qismiga kiyiladigan kiyim
design - dizayn
manufacture - ishlab chiqarish
current - hozirgi
new - yangi

modern - zamonaviy

look - tashqi ko'rinish

appearance - tashqi ko'rinish

supply - ta'minlamoq

produce - ishlab chiqarmoq

glimpse - ko'zi tushib qolmoq

glance - ko'z tashlamoq, bir qarab qo'ymoq

average - o'rtacha

everyday - har kunlik

catch on - mashhur bo'lmoq

do away with - dan xalos bo'lmoq

draw up - yaratmoq, tuzmoq

dress up - bezanmoq, hashamdor kiyinmoq

go over - takrorlamoq

grow out of - dan chiqqan; o'sgan

hand down - meros qoldirmoq

line up - qator qilmoq

pop in (to) - birrovga(tezda) kirib chiqmoq

show (a) round - atrofni ko'rsatmoq

take off - yechmoq (kiyimga nisbatan)

tear up - yirtib tashlamoq

try on - kiyib ko'rmoq

wear out - yaroqsiz holatga kelmoq

take off - tez mashhur bo'lmoq

art - san'at

work of art - san'at asari

modern art - san'at asari

art gallery - san'at galeriyasi

art exhibition - san'at ko'rgazmasi

clothes - kiyimlar

put on/try on/take off clothes - kiyim kiymoq/kiyib ko'rmoq/yechmoq

clothes line - yuvilgan kiyimlar ilinadigan ip, dor

clothes peg - kir qistirgich

best clothes - eng yaxshi ko'rgan kiyimlar

combination - birlashish, aralashma

in combination with - ...bilan birlashmada

combination of - ...ning birlashuvi

compliment - maqtov

pay sb a compliment - kimnidir maqtamoq

compliment sb on sth - kimnidir nimadadir, nima bo'yichadir maqtamoq

example - namuna

be/set an example - namuna bo'lmoq

an example of - ...ning namunasi

for example - misol uchun

follow an/sb's example - kimningdir namunasiga rioya qilmoq

fashion - moda

in fashion - modada

be/go out of fashion - modadan qolmoq

follow fashion - modani ketidan quvmoq

follow model/show - modelga/ko'rinishga taqlid qilmoq

cut - qirqmoq

cut/brush sb's hair - sochini qirqmoq

have/get a new hairdo/hairstyle - yangi soch turmagi qildirmoq

have a haircut - soch qirqtirmoq

let your hair down - hordiq chiqar, mazza qil(moq)

make-up - grim

put on/apply/wear make-up - grim qilmoq

take off make-up - grimni artib tashlamoq

pattern - namuna

follow a pattern - namunaga ergashmoq

checked/striped/plain pattern - tórtburchak naqsh/yo'l-yo'l chiziq naqsh/benaqsh (mato)

style - moda; stil

in style - modada, urfda

be/go out of style - modadan qolmoq

do sth/go smw in style -

have style - stili bo'lmoq

taste - ta'm

have/show good/bad taste (in sth) - ... ni yaxshi/yomon ko'rmoq

(be) in good/bad taste - odamlarga
ma'qul kelmoq/ma'qul kelmaslik
tendency - moyillik
have a tendency to do - ...bajarishga
moyilligi bo'lmoq
trend - moda; o'zgarish, rivojlanish
a trend in sth - ...dagi o'zgarish,
rivojlanish
follow/set a trend - modani ketidan
quvmoq/modaga, urfga kirgizmoq
Advise sb to do - biror kimga bajarishni
maslahat bermoq
advise sb that - biror kimga ...ni
maslahat bermoq
advise sb on/about sth - kimgadir
nimadir yuzasidan/haqida maslahat
bermoq
advise sb against sth/doing - kimgadir
...ga qarshi maslahat bermoq
anxious about - ...dan tashvishlangan
anxious to do - ...bajarishga
tashvishlangan
criticise sb (for doing sth/doing) -
kimnidir ...uchun tanqid qilmoq
insist on sth/doing - ...ni talab qilmoq
insist that - talab qilmoq
plenty of - ko'p
plenty more sth - ancha ko'p
plenty to do - bajarishga ko'p
prepare sb (for sth) - kimnidir ...uchun
tayyorlamoq
prepare to do - bajarish uchun
tayyorlamoq
proud of sth/sb/doing - ...dan
faxrlanmoq
proud to do - ...biror nima qilishdan
faxrlanmoq
refer to sth - ma'no anglatmoq
refer sb to sth - kimnidir yordam uchun
yubormoq
seem to be - bo'lib tuyulmoq
it seems that - shunday tuyuladiki
stare at sb/sth - ...ga qaramoq

use sth for (sth/doing) - ...ni ...uchun
ishlatmoq
use sth to do - ...ni ...uchun ishlatmoq
useful for sth/doing - ...uchun foydali
useful to sb - kim uchundir foydali
advertise - reklama qilmoq
advertisement - reklama
advert - reklama, e'lon
advertising - reklama qilish
advertiser - reklama beruvchi, reklama
qiluvchi
attract - jalb qilmoq
attractive - maftunkor, jozibador
unattractive - jozibasiz
attractively - jozibali ravishda
unattractively - jozibasiz ravishda
attraction - joziba
beauty - chiroy
beautiful - chiroyli
beautifully - chiroyli tarzda
decide - qaror qilmoq
decision - qaror
decisive - hal qiluvchi; 2) qat'iyatli
indecisive - qat'iyatsiz
decisively - ikkilanmasdan, qat'iylik
bilan
indecisively - qati'yatsizlik bilan
desire - xohlamoq
desirable - maqbul
undesirable - maqsadga xilof
enthuse - to'lqinlanib gapirmoq
enthusiastic - ishtiyoqmand
unenthusiastic - ishtiyoqsiz
enthusiastically - ishtyoq bilan
unenthusiastically - ishtiyoqsiz tarda
enthusiasm - ishtiyoq
enthusiast - ishqiboz
expect - kutmoq
expected - kutilgan
unexpected - kutilmagan
expectedly - kutilgan tarzda
unexpectedly - kutilmagan tarzda
expectation - kutish, umid

expectancy - kutish, umid, ishonch
fashion - moda
fashionable - zamonaviy
unfashionable - urf bo'lmagan
fashionably - urf bo'lgan
unfashionably - zamonaviy bo'lmagan holda
like - 1) yoqtirmoq; 2) o'xshamoq
alike - o'xshash
dislike - yoqtirmaslik
unlike - o'xshamaslik
likeness - o'xshashlik
likeable - yoqimli
unlikeable - yoqimsiz
liking - yoqtirish
produce - ishlab chiqarmoq
product - mahsulot
producer - ishlab chiqaruvchi
production - ishlab chiqarish
productive - samarali
unproductive - samarasiz
productively - samarali tarzda
unproductively - samarasiz tarzda
similar - o'xshash
dissimilar - o'xshash emas
dissimilarly - o'xshamagan tarzda
similarity - o'xshashlik
style - uslub
stylish - didli, zamonaviy
unstylish - didsiz
stylishly - did bilan
unstylishly - didsiz ravishda
stylist - stilist
stylishness - zamonaviylik
succeed - muvaffaqiyatga erishmoq
success - muvaffaqiyat
successful - muavaffaqiyatli
unsuccessful - muvaffaqiyatsiz
successfully - muvaffaqiyat bilan
unsuccessfully - muvaffaqiyatsiz tarzda
use - foydalanmoq
usage - foydalanish
useful - foydali

usefully - foydali tarzda
useless - foydasiz
uselessly - foydasiz ravishda
user - foydalanuvchi
usable - foydalansa bo'ladigan, yaroqli
unusable - ishlatib bo'lmaydigan, yaroqsiz

Destination B2
Unit 28. Work and business - ish va biznes
employer - ish beruvchi
employee - ish oluvchi, yollanma ishchi
staff - ishchi xodim
job - ish (sanaladigan ot)
work - ish (sanalmaydigan ot)
career - ish faoliyati, kariyera
earn - ishlab topmoq
win - yutmoq, qo'lga kiritmoq
gain - olmoq, qo'lga kiritmoq
raise - oshmoq, ko'tarmoq (raise o'zidan so'ng to'ldiruvchi qabul qiladi)
rise - oshmoq, ko'tarmoq (rise o'zidan so'ng to'ldiruvchi qabul qilmaydi)
wage(s) - maosh (odatda hafta, soat yoki kunbay to'lanadi)
salary - maosh (odatda oyda bir yoki ikki marta to'lanadi)
pay - maosh (umumiy to'lov va maoshga nisbatan)
commute - uydan ishgacha bormoq
deliver - yetkazib bermoq
retire - nafaqaga chiqmoq
resign - iste'foga chiqmoq, ishdan bo'shamoq
fire - ishdan bo'shatmo
sack - ishdan bo'shatmoq
make redundant - ishdan bo'shatmoq
overtime - qo'shimcha ish
promotion - lavozimi oshish
pension - 1) nafaqaga chiqmoq; 2) nafaqa
company - kompaniya
firm - firma

business - biznes
union - birlashma
charity – xayriya
back out - fikridan qaytmoq
bring out - yangi maxsulot ishlab chiqarishni boshlamoq
close down - ishlashdan to'xtamoq (kompaniya uchun)
see through (to) - biror bir yoqimsiz narsani oxiriga yetkazmoq
see to - bilan ish ko'rmoq
set to - biror bir ishni zavq bilan boshlamoq
set out - maqsadiga erishish uchun ish boshlamoq
set up - biznes yok ish boshlamoq
slow down - sekinlashtirmoq
speed up - tezlashtirmoq
stand in for - biror kishining o'rniga ishlab turmoq
take on - ish boshlamoq; qabul qilmoq
take over - biror bir biznesni boshqarmoq
turn down - taklifni rad etmoq
agreement - kelishuv
come to/reach (an) agreement (on/about sth)- (...haqida/yuzasidan) kelishib olmoq, kelishmoq
in agreement (on/about/with sth) - (yuzasidan/haqida/bilan) kelishuvda
arrangement - uchrashuv
make an arrangement (with/for sb) (to do)- (...bilan/...uchun) (...bajarish uchun) uchrashuv belgilamoq
have an arrangement (with sb) (to do) - (bilan) (...bajarish uchun) uchrashmoq
business - biznes
do business (with sb) - (kim bilandir) biznes qilmoq
go somewhere on business - biror joyga biznes yuzasidan bormoq
business trip - biznes sayohati

small business - kichik biznes
big business - katta biznes
complaint - shikoyat; shikoyat qilmoq
have/make a complaint (about sth) (to sb) - (...haqida) (...kimgadir) shikoyat qilmoq
letter of complaint (to sb) (about sth) - (kimgadir)(...haqida) shikoyat qilmoq
day - kun
have/take/get a day off - bir kunlik ta'til olmoq
ay job - kunlik ish
day trip - bir kunlik sayohat
day by day - kundan kun
the other/next day - o'tgan/keyingi kun
decision - qaror
make/take a decision (to do) - (...bajarishga) qaror qilmoq
come to/reach/make a decision (about sth) - (...haqida) qaror qilmoq
duty - vazifa
do one's duty - kimningdir vazifasini bajarmoq
a sense of duty - mas'uliyat hissi
on/off duty - navbatchi bo'lmoq/navbatchi emas
have a duty to sb/to do - bajarishga vazifasi bo'lmoq
effort - harakat
make an effort (to do) - bajarishga harakat qilmoq
put effort into sth/doing - ...ga, ...bajarishga harakat qilmoq
experience - tajriba
have an experience - tajribaga ega bo'lmoq
have/get/gain experience in/of sth/doing - ...dan tajriba orttirmoq
experienced in/at sth/doing - ...da tajribali
hold - kutmoq; ushlab turmoq
put/keep sb on hold - kimnidir kuttirmoq

hold on (to sth)- ushlab turmoq

hold sth - ushlab turmoq

interest - qiziqish; qiziqtirmoq

have/take/express an interest in sth/doing - ...ga qiziqmoq

in your interest to do - ...bajarishga qiziqishingizda

earn/get/pay interest - qiziq(tir)moq

interview - intervyu, suhbat

have/go to/attend an interview - suhbatga bormoq

job interview - ishga kirish uchun suhbat

job - ish

do a job - ishlamoq

have a job to do - qiladigan ishi bo'lmoq

apply for a job - ishga murojaat qilmoq

take/get a job - ishga kirmoq

in a job - ishda

work - ish

do some work - biroz ish qilmoq

have work to do - qilishga ishi bor bo'lmoq

go to work - ishga bormoq

at work - ishda

work hard - qattiq ishlamoq

out of work - ishsiz

place of work - ish joyi

absent from sth - ...da yo'q bo'lmoq

apply for sth - ...ga murojaat qilmoq

apply in writing - yozma murojaat qilmoq

attach sth to sth - ...ni ...ga yopishtirmoq

attached to sth - ...ga yopishtirilgan

begin doing/to do/sth - ...ni boshlamoq

begin by doing - ...orqali boshlamoq

depend on sth - ...ga bog'liq bo'lmoq

experienced in/at sth/doing - ...da tajribali bo'lmoq

good for sb (to do sth) - kimgadir nimadir qilish yaxshi bo'lmoq

good at sth/doing ...da yaxshi, qobilyatli bo'lmoq

good to sb - ...kimgadir yaxshi bo'lmoq

qualify as/in sth - yetarli malakaga ega bo'lmoq

responsible for - ...ga mas'ul bo'lmoq

specialise in sth/doing - ...da ixtisoslashtirilgan

train to do - bajarish uchun shug'ullanmoq

work as/at/in sth - ...bo'lib/da ishlamoq

work for sb - ...kimdir uchun ishlamoq

add - qo'shmoq

added - qo'shilgan

addition - qo'shimcha

additionally - qo'shimcha tarzda

apply - murojaat qilmoq

applicable - ishatsa bo'ladigan, yaroqli

inapplicable - yaroqsiz

applied - amaliy

application - ariza

applicant - da'vogar

commerce - tijorat

commercial - tijoratga oid

commercially- tijoriy tarzda

dedicate - bag'ishlamoq

dedicated - bag'ishlangan

dedication - bag'ishlov

affect - ta'sir

effective - samarali

ineffective - samarasiz

effectively - samarali tarzda

ineffectively - samarasiz tarzda

employ - ish bermoq

employed - ish bilan ta'minlangan

unemployed - ishsiz

employable - ishga layoqatli

unemployable - ishga layoqatsiz

employment - bandlik

unemployment - ishsizlik

employer - ish beruvchi

employee – ishchi

profession – kasb

professional(ly) - professional (tarzda)

unprofessional(ly) - professional emas

qualify - bilim, malaka bermoq
qualified - malakali
unqualified - malakasiz
qualifying - malaka, bilim berish
qualification – malaka
responsible - mas'uliyatli
irresponsible - masuliyatsiz
responsibility - mas'uliyat
irresponsibility - masuliyatsizlik
(ir)Responsibly - masuliyat(siz)li
(tarzda)
supervise - nazorat qilmoq
supervision - nazorat
supervisor - nazoratchi
work - ish; ishlamoq
working - ishlash
workable - natija, naf beradigan
unworkable - natija bermaydigan
worker – ishchi
works – asarlar

Destination C1&C2
Unit 2. Thinking and Learning
assess - baholamoq
assume - tahmin qilmoq
baffle - xalaqit bermoq,xafa qilmoq
biased - noto'g'ri, yolg'ontakam
concentrate - e'tiborni bir joyga
to'plamoq
consider - hisoblamoq, shunday deb
o'ylamoq
contemplate - kelajakda nimadir qilishni
o'ylamoq
cynical - nosamimiy, g'arazli
deduce - o'ylab javob topmoq
deliberate - obdon o'ylamoq
dilemma - ikkilanish
discriminate - irqiy kamsitmoq
dubious - shubhali, shubha uygotadigan
estimate - baholamoq
faith - ishonch,e'tiqod
gather - aytilmasa xam ma'lum (xulosa
qilmoq)
genius - daho, qobiliyatli

grasp - tushunmoq
guesswork - tahmin, faraz
hunch - ko'ngil sezishi
ideology - ideologiya, g'oya, mafkura
ingenious - ajoyib, oqilona
inspiration - ilxombaxsh,
ilxomlantiruvchi
intuition - intiutsiya, ichki his
justify - yaxshi sabab ko'rsatmoq
naïve- ishonuvchan, sodda, tajribasiz
notion - tushuncha, fikr
optimistic - umidvor, yaxshi narsani
o'ylovchi
paradox - g'alati xolat/narsa/kishi
pessimistic - umidsiz, pessimist (yomon
narsani o'ylovchi)
plausible - ishonsa bo'ladigan, haqiqatga
yaqin
ponder - chuqur/obdon o'ylamoq
prejudiced - shunday deb
o'ylamoq/ishonmoq
presume - mo'ljallamoq, niyat qilmoq
query - shubha, shubhalanmoq
reckon - deb hisoblamoq, deb o'ylamoq
reflect - aks ettirmoq
sceptical/skeptical - shubhalanib,
ishonqiramay qolish
speculate - taxmin qilmoq
suppose - shunday deb o'ylamoq,
shunday deb ishonmoq
academic - o'quv, talimiy
conscientious - ishchan, mexnatkash
cram - juda qattiq o'qimoq (yaqinda
imtixon topshiruvchilar uchun)
curriculam - o'quv kursi/rejasi
distance learning - masofadan ta'lim
graduate - o'qishni tugatmoq/bitirmoq
ignorant - bexabar, xabarsiz,
bilmaydigan
inattentive - e'tiborsiz
intellectual - aqliy, aqlan
inteligent - ziyoli, bilimli
intensive - ko'p tarmoqli

knowledgeable - chuqur bilimli, bilimdon

lecture - ma'ruza

mock exam - na'munaviy imtihon

plagiarise - boshqa birovning asaridan, fikridan, so'zlaridan o'ziniki sifatida foydalanmoq

self-study - mustaqil o'rganish

seminar - seminar, amaliy dars

special needs - maxsus ehtiyoj

tuition - qo'shimcha dars/mashg'ulot

tutorial - konsultatsiya, o'quv qo'llanmasi

brush up (on) - bilim yoki mahoratini o'stirmoq/oshirmoq

come (a) round (to) - fikr yoki qarorini o'zgartirmoq

come up (with) - o'ylamoq

face up to - muammoni/qiyinchilikni qabul qilmoq

figure out - tushuna olmoq, muammoga yechim topa olmoq

hit upon - to'satdan biror bir fikrga kelmoq

make out - kimnidir yoki nimanidir qiyinchilik bn eshitmoq/ko'rmoq/ tushunmoq

mull over - nimadir haqida uzoq va obdon o'ylamoq

piece together - detallarni o'rganish orqali haqiqatni bilmoq

puzzle out - tushunmoq, xal qilmoq, aniqlamoq

read up (on/about) - o'qish/izlanish orqali malumot topmoq/olmoq

swot up (on) juda qattiq o'qimoq (imtihon uchun)

take in - qabul qilmoq, o'z ichiga olmoq, aldanmoq

think over - biror bir qarorga kelishdan oldin obdon o'ylamoq

think through - batafsil o'ylamoq

think up - bahona to'qib chiqarmoq

account for - 1) izohlab bermoq; 2) qanchadir qismini tashkil qilmoq

an account of - ...ning tafsiloti

take into account - hisobga olmoq, o'ylamoq

take account of - hisobga olmoq, o'ylamoq

on account of - uchun, sababli

by all accounts - boshqalarning aytishicha

on sb's account - biron kim sababli

associate with - bilan bog'lamoq

(hang) in the balance - kelajakda nima bo'lishi noma'lum

strike a balance between - ikki zid narsa o'rtasidagi muvozanatni topmoq, ularga bir xil muomala qilmoq

upset the balance - muvozanatni buzmoq

alter the balance - muvozanatni o'zgartirmoq

redress the balance - muvozanatni tiklamoq

(keep) a balance between - o'rtasidagi muvozanat (ni saqlamoq)

a balance of - har xil narsalardan bir me'yorda

on balance - xulosa qilib aytganda

be catch off balance - xayratlanmoq

a basis for - uchun asos

on a daily basis - har kuni

on a temporary basis - vaqtinchalik

on the basis of - ...ga asoslanib

on the basis that - ...ga asoslanib

belief in - ...ga ishonch

contrary to popular belief - boshqa odamlar nima deb o'ylashiga qaramay

beyond belief - tasavvurga sig'maydigan darajada, juda ham

in the (mistaken) belief that - (noto'g'ri) tushunchaga asoslanib

a widespread belief that - ko'pchilik ishonadigan g'oya, fikr pick sb's brains - biror narsa haqida bir odamdan ko'p savollar so'ramoq

rack sb's brains - boshni qotirib diqqat bilan o'ylamoq

the brains behind - ...ning ortida turgan eng zukko odam

brainless - tentak

the brainchild of - ...ning ixtirosi, fikri

a brainstorm - miyadagi to'qnashuv

brainstorm - fikr o'ylab topmoq

brainwash - mafkuraga boshlash, ongini zaharlash

a brainwave - qo'qqisdan kelgan ajoyib g'oya, reja

bring smth to a conclusion - tugatmoq

come to/ arrive at/ reach a conclusion - biror bir yakuniy to'xtamga (fikrga) kelish

jump/ leap to conclusions - judayam tez xulosaga kelmoq

in conclusion - xulosa qilib aytganda

the conclusion of - ...ning yakuni, oxiri

a foregone conclusion - biror nimaning yakuniy holati, natijasi kundek ravshan bo'lganda aytiladi

take into consideration - hisobga olmoq

give consideration to - ...ga e'tibor bermoq, diqqat bilan o'ylamoq

show consideration for - ...ga e'tibor ko'rsatmoq, diqqatini qaratmoq

under consideration - muhokamada

for sb's consideration - biror kim ko'rib chiqishi uchun

out of consideration for - biror kimni holatini tushungan holda

doubt that - shubha; shubhalanmoq

have your doubts about - haqida shubhalanishga sabablari bo'lmoq

cast doubt on - ...ga nisbatan shubha keltirib chiqarmoq

raise doubts - shubha keltirib chiqarmoq

in doubt - aniq emas

doubt as to/ about - haqida shubha

beyond (any) doubt - shubhasiz

(a) reasonable doubt - oqilona, asosli shubha

without a doubt - shubhasiz

open to doubt - noaniq, mavhum

dream of - haqida orzu

dream about/that - haqida tush

have a dream - tush ko'rmoq; orzu qilmoq

a dream to - ... qilish orzusi bo'lmoq

beyond your wildest dreams - umringizda tasavvur qilganingizdan ham ko'proq, yoki yaxshiroq

a dream come true - orzu amalga oshishi

in your dreams - "tushingda!"

like a dream - ajoyib tarzda, hech qanday muammosiz

focus on - asosiy e'tibor ...da

the focus of - ...ning maqsadi

the focus for - uchun diqqat-e'tibor

in focus - aniq ko'rinarli

out of focus - xira, aniq ko'rinmagan

focus group - tadqiqot uchun tanlab olingan odamlar

main/ primary/ major focus - asosiy maqsad

have/ give the (false) impression that - degan (yolg'on) o'y, fikr

do an impression (of) - ...ning harakati, ovozi, o'zini tutishiga taqlid qilmoq

create/ make an impression (on sb) - taassurot qoldirmoq

under the impression that - deb o'ylagan holda

first impressions - ... haqida dastlabki taassurotlari

make a mental note (of/ about) - ... qilishni rejalashtirib qo'ymoq

mental arithmetic - mentalniy arifmetika

mental illness - aqliy kasallik, aqliy zaiflik

mental age - fikrlash qobiliyati ... yoshlik odamnikidek

mental health - aqliy sog'lomlik

make up your mind - bir qarorga kelmoq

cross your mind - hayoliga kelmoq

slip your mind - unutib qo'ymoq

have/ bear in mind - yodda bo'lmoq/saqlamoq

have a one-track mind - hayolida doima faqat bir narsa haqida o'ylamoq

take your mind off - hayolini yoqimsiz narsadan chalg'itish

bring to mind - eslatib yubormoq

in two minds about - bir qarorga kelolmay ikkilanmoq

on your mind - hayolida bo'lmoq, uni o'ylab havotirlanmoq

state of mind - hayoli ... holatda bo'lmoq

narrow-minded - tor fikrlaydigan

broad-minded - keng fikrlaydigan

open-minded - yangi fikrlarni to'g'ri qabul qiladigan

absent-minded - parishonxotir

under the misapprehension that - noto'g'ri tushunmoq

put into perspective - o'ylab chiqmoq

from another/a different/sb's/etc perspective - boshqa bir nuqtai-nazardan qaramoq

from the perspective of - ...ning nuqtai-nazaridan

in perspective - (rassomchilikda) yaqinda bo'lgani uchun kattaroq chizilgan

out of perspective - (rassomchilikda) uzoqda bo'lgani uchun kichiqroq chizilgan

a sense of perspective - tiniq fikrlash qobiliyati

have principles - o'z tamoyili, prinsipiga ega bo'lmoq

stand by/ stick to your principles - o'z tamoyillariga amal qilmoq

principle of smth - ...ning qoida, tamoyillari

principle that - ... degan qarash, aqida

in principle - umuman olganda

a matter/ an issue of principle - tamoyillariga asoslangan holda

against sb's principles - ...ning tamoyillariga zid

set of principles - tamoyillar jamlanmasi

beg the question - biror kimni savol so'rashga undamoq

raise the question (of) - masalani (muammo) keltirib chiqarmoq

a/ no question of - ... haqidagi savol

in question - 1) muhokama qilinayotgan; 2) mavhum, aniq emas

out of the question - haqida gap bo'lishi mumkin emas

without question - shubhasiz

beyond question - shubhadan holi

some question over/ as to /about - haqida shubha

awkward question - qiyin va g'alati savol

sense that - ... degan ma'noda; ... degan tuyg'u

see sense - mulohazali bo'lmoq

make sense - tushunishga oson bo'lmoq

make sense (of) - qiyin yoki ma'nosiz narsani tushunmoq

have the sense to - qilishga farosati yetmoq

come to your senses - xushiga kelib tiniq fikrlamoq

a sense of - haqidagi tushuncha

in a/one sense - bir tarafdan

common sense - farosat

side with sb - ...ning tarafini olmoq

take sides - kimnidir tarafini olmoq

see both sides (of an argument) - ikkala tarafni ham tushunmoq look on the bright side - yomon holatda ham xursand bo'lmoq (balkim faqat yaxshilik, yoki foyda taraflari haqida o'ylash orqali)

on the plus/minus side - yaxshi/yomon tarafi

by/ at sb's side - yonida

on sb's side - ...ning tarafida bo'lmoq

on either side (of) - ikkala tarafida, yonida

set/ put sb straight about - ...ning xatosini to'g'irlamoq, to'g'ri faktlarni aytmoq

set/ put the record straight - rost ma'lumotni oshkor qilish

get/ come straight to the point - darhol maqsadga o'tish

get smth straight - aniqlashtirib olmoq

think/ see straight - to'g'ri fikrlamoq

straight talking - to'g'risini ochiqchasiga gapirish

straight answer - ochiqchasiga javob

view smth as - deb tushunmoq, qaramoq

take the view that - deb o'ylamoq

take a dim/ poor view of - ...ni yomon deb tushunmoq

come into view - ko'rinmoq

in view of - ...ni hisobga olgan holda

with a view to - ... qilish maqsadida, ilinjida

view on/about/that - haqidagi fikr

in sb's view - ...ning fikricha

viewpoint - fikr

point of view – fikr

go to your head - muvaffaqiyatdan boshi aylanmoq

have your wits about you - tez va aqlli qarorlar chiqara olmoq

in the dark (about) - nimadir haqida ko'p narsa bilmaslik (boshqalar tomonidan sir saqlangani sababli)

know what's what - biror bir vaziyat haqida muhim faktlarni bilmoq

not have a leg to stand on - haqligini isbotlash uchun dalili bo'lmaslik

not see the wood for the trees - nimaningdir muhimligini tushunmaslik

put two and two together - nimadir bo'lishini taxmin qilmoq (eshitgan/ko'rganlariga asoslanib)

quick/ slow on the uptake - nimanidir juda tez/sekin tushunmoq/anglamoq

ring a bell - tanish tuyulmoq

round the bend - jinni, telba

split hairs - mayda narsalar uchun tortishmoq

take stock (of) - biror bir qarorga kelishdan oldin o'ylab vaqt o'tkazmoq

assume - deb hisoblamoq, deb o'ylamoq

assumption - taxmin, faraz

assuming - ... deb o'ylasak

unassuming - kamtar

assumed - faraz qilingan

believe - ... deb ishonmoq

disbelieve - ishonmaslik

belief - ishonch

disbelief - ko'zlariga ishonolmaslik

believer - ...ga ishonadigan odam

unbeliever - ishonmaydigan odam (odatda allohga, yoki dinga)

believable - haqiqatga yaqin

unbelievable - aql bovar qilmaydigan

disbelieving - ishonmayotganday

unbelievably - juda ham

brilliant - aqlli, zukko

brilliance - zukkolik

brilliantly - ajoyib tarzda

conceive - 1) o'ylab qo'ymoq, rejalashtirmoq; 2) tasavvur qilmoq

conceptualise - o'ylamoq, ... deb hisoblamoq

concept - tushuncha

conception - haqida tushuncha, bilim

conceptual - g'oyalarga asoslangan

conceivable - ehtimoliy

inconceivable - ehtimoldan yiroq

conceivably - ehtimol

inconceivably - ehtimoldan yiroq

confuse - yangilishtirmoq, chalkashtirmoq

confusion - chalkashlik

confused - aniq emas, chalkashgan

confusing - tushunishga qiyin, noaniq

confusingly - chalkashtiradigan tarzda

convince - ishontirmoq

conviction - aybdor deb topish

convinced - ishonchi komil

unconvinced - ishonchi komil emas

convincing - ishonarli

unconvincing - haqiqatdan yiroq, to'g'ri bo'lmagan

convincingly - ishonarli tarzda

unconvincingly - ishonib bo'lmaydigan tarzda

decide - qaror qilmoq

decision - qaror

decider - hal qiluvchi o'yin

decisiveness - to'g'ri qaror qabul qila olish qobiliyati

deciding - hal qiluvchi, muhim

decisive - hal qiluvchi, muhim

indecisive - tez va samarali qaror qila olmaydigan

decisively - hal qiladigan tarzda

indecisively - hal qilolmaydigan tarzda

define - ta'riflamoq

definition - ta'rif

defined - aniq belgilangan

definitive - yakuniy

definitively - yakuniy tarzda

definite - aniq, ishonchi komil

indefinite - aniq emas, mavhum

definitely - aniq

indefinitely - mavhum muddatga

doubt - shubha; shubhalanmoq

doubter - shubhalangan odam

doubtful - ishonchi komil emas

doubtfully - ishonchi komil bo'lmagan tarzda

undoubted - aniq, shak-shubhasiz

undoubtedly - aniq, shak-shubhasiz

doubtless - (adverb) aniq, shak-shubhasiz

explain - tushuntirmoq, izohlamoq

explanation - izoh, tavsif, tushuntirish

explanatory - tushuntirish, izoh beruvchi

unexplained - izohsiz, sababi noma'lum

explicable - izohlansa bo'ladigan, tushunsa bo'ladigan

inexplicable - tushunib bo'lmas, izohlanib bo'lmas

inexplicably - tushunib bo'lmas tarzda

imagine - tasavvur qilmoq

imagination - tasavvur

imaginings - tasavvurdagi, ong ostidagi narsalar

imaginary - hayoliy

imaginative - yaratuvchan

unimaginative - yaratuvchanlik yetishmagan

imaginatively - yaratuvchanlik bilan

judge - hakam, sudya

judg(e)ment - to'g'ri qaror qabul qila olish qobiliyati; yakuniy qaror

judiciary - odil sud

judiciousness - mulohaza bilan qilinish

judicious - mulohazali, diqqat bilan qilingan

judicial - sud bilan bog'liq

judg(e)mental - odamlarni tezlik bilan tanqid ostiga olib o'zicha qaror chiqaradigan

judiciously - mulohaza bilan qilingan

logic - mantiq

logical - mantiqiy

illogical - mantiqsiz

logically - mantiq bilan o'ylansa

illogically - mantiqsiz tarzda

opinion - fikr, g'oya

opinionated - o'z fikriga kuchli tayangan

rational - zehnli, ongli, idrokli

rationalise - ...ning sababini topmoq
rationalisation - ...ning sababini topish
rationalist - idrokka tayanib ish tutadigan (hissiyotlarga yoki diniy jihatlarga emas)
rationalism - idrokka tayanib ish tutish
rationality - idrok bilan ish tutish qobiliyati
irrationality - o'ylamasdan ish tutish
rationally - idrokka tayangan holda
irrational - asossiz, o'ylamasdan qilingan
irrationally - ongga tayanmagan holda
reason - sabab
reasoning - mulohaza qilish, fikr yuritish
reasonableness - odillik, mulohazalilik, asoslilik
reasonable - 1) mantiqiy, oqil, asosli; 2) (narxga nisbatan) hamyonbop
unreasonable - haddan ziyod
reasoned - mantiqiy, mulohazali
reasonably - 1) ancha-muncha; 2) hamyonbop tarzda
unreasonably - nohaq tarzda
sane - aqli raso, esh-hushi joyida
sanity - aqli rasolilik
insanity - esi pastlik, aqli norasolilik, jinnilik
insane - esi past, aqli noraso, jinni
insanely - 1) tentaklarcha; 2) haddan ziyod
sense - his qilmoq, sezmoq
sensitise - xabardor qilmoq, ...ning ko'zini ochmoq
desensitise - ko'niktirib qo'ymoq
nonsense - safsata, bo'lmagan gap
sensitivity - o'zgalarni tushuna olish
sensibility - (asosan san'at va adabiyotda) chuqur tushuna olish
senseless - 1) behuda, ma'nosiz; 2) hushidan ketguncha, hushsiz
senselessness - behudalik

sensible - o'ylab ish qiladigan, mulohazali; mulohaza bilan qilingan
nonsensical - be'mani
sensibly - mulohaza bilan
sensitive - ta'sirchan, jonkuyar, mehribon
sensitively - dardkashlik bilan
think - o'ylamoq
thought - o'y-fikr
thinker - mutafakkir
thinking - o'ylash
thoughtfulness - chuqur o'ylash; g'amxo'rlilik
thoughtlessness - o'ylamay gapirish
thinkable - xayolga kelishi mumkin bo'lgan
unthinkable - mutlaqo xayolga kelmaydigan
thoughtful - o'ylayotgan; mehribon
thoughtfully - o'y bilan; mehribonlik bilan
thoughtless - e'tiborsiz, o'ylamay qilingan
thoughtlessly - e'tiborsiz tarzda
wise - dono, oqil, mulohazali
wisdom - donishmandlik
wisely - donolik bilan
unwise - tentak
unwisely - tentaknamo tarzda

Destination C1&C2
Unit 4. Change and Technology
adapt - moslashtirmoq, moslashmoq
adjust - o'zgartirmoq
alternate- nimanidir ketma-ket boshdan o'tkazmoq
alternate - kunora
alternative - muqobil, alternative
amend - qonunga o'zgartirish/tuzatish kiritmoq
conservative - eskilik tarafdori
convert - nimanidir boshqa narsaga o'zgartirmoq, fikrini, qarashini o'zgartirmoq

convert - fikrini/qarashini o'zgartirgan shaxs

decay - chirimoq, yemirilmoq, kuchsizlanmoq

decay - chirish, yemirilish

deteriorate - yomonlashmoq (kimningdir sog'ligi, biror joydagi vaziyat)

distort - o'zgartirmoq (axborot, malumot)

dynamic -o'zgaruvchan, xarakatchan, g'ayratli

endure - chidamoq, og'riqli yoki yoqimsiz vaziyatni boshdan kechirmoq

endure - davom etmoq

evolve - rivojlanmoq, evolutsiya qilmoq, (hayvon va o'simliklarga nisbatan)

influence - ta'sir ko'rsatmoq

influence - ta'sir, ta'sir ko'rsatish

innovation - yangi fikr, yangi metod, yangilik

last - davom etmoq

maintain - nimanidir bi xil xolatda saqlab qolish

mature - ulg'aymoq (aqliy va ruhiy jihatdan)

mature - ulg'aygan

modify - biroz o'zgartirmoq

novel - yangi, noodatiy

persist - bir xil yo'sinda davom etmoq (asosan yoqimsiz holatlar uchun)

potential - imkoniyat, qobiliyat, ehtimoliy

progress - rivojlanmoq, yuksalmoq, davom etmoq

progress - o'zgarish, yuksalish, o'sish

radical - keskin

refine - takomillashtirmoq

reform - isloh qilmoq, islohot

remain - bir xil holatda saqlanib qolmoq

revise - kimdir yoki nimadir haqidagi fikrini qayta ko'rib chiqmoq

revise - takrorlamoq

revolution - . . .da inqilobiy o'zgarish, revolutsiya, inqilob

shift - o'zgarmoq, o'zgartirmoq (yo'nalishini, holatini)

shift - o'zgarish

spoil - buzmoq, yomonlashtirmoq

status quo (n. phr) - xozirgi/mavjud xolat

steady - nimanidir qattiq xarakatsiz tutmoq

steady -barqaror

substitute - o'rnini egallamoq, o'rnini bosmoq

substitute -o'rnini bosuvchi narsa

sustain - taminlamoq, qo'llab-quvatlamoq

switch - alishtirmoq, o'zgartirmoq

switch - o'zgarish

switch - vklyuchatel, boshqaruvchi tugma (elektr energiyani, mashina)

transform - kimnidir yoki nimanidir butunlay o'zgartirmoq.

trend - og'ish, moyillik

uniform - bir xil

breakthrough - yuksalish, rivojlanish

broadband - antenna

click - sichqonchani bosmoq (kompyuter)

complex - murakkab

consumer electronics (n. phr)- elektrik jihoz

craft - nimanidir mahhorat bn tayyorlamoq

craft - qo'l mexnati

data - malumotlar

download - internetdan yuklab olmoq

download - yuklab olish

file - fayl, kompyuterdagi malumotlar papkasi

(games) console - pleysteyshn

manual - qo'lda bajariladigan, qo'llanma

network - tarmoqqa/internetga ulanmoq

nuclear - yadroviy

offline - internetga ulanmagan, tarmoqsiz

online - internet orqali, online tarzda

online - internetda/internetdan

primitive – ibtidoiy

programmer - kompyuter dasturchisi

resource - manba, resurs

technique - uslub, mahorat

upload - malumotni jo'natmoq, kompyuterga ko'chirmoq

back up – kompyuterda biror malumotning yana bir nusxasini yaratmoq

change around – narsalarning joyini/o'rnini o'zgartirmoq

change into – boshqa bir shaxs yoki narsaga aylanmoq

change out of – kiyim almashtirmoq

do away with – yo'q qilmoq

do up – tamirlamoq, kiymoq, tugma/zamokni o'tkazmoq

fade away – asta sekin yo'qolmoq, kuchsizlanmoq

key in - malumotni kompyuterga yozib kiritmoq

make into – nimanidir boshqa narsaga aylantirmoq

mix up – adashtirmoq, aralashtirmoq, tartibsiz joylashtirmoq

switch on – chiroq/radio/televizor . . . ni qo'shmoq, yoqmoq

switch off - chiroq/radio/televizor . . . o'chirmoq

take apart – nimanidir qismlarga/bo'laklarga ajratmoq

test out – sinab ko'rmoq

turn into - . . .ga aylanmoq/o'zgarmoq, . . . ga aylantirmoq

use up – tugatmoq, ishlatib qo'ymoq

wear out – juda xoldan toydirmoq, eskirmoq (kiyimga nisbatan)

(have/gain/provide) access to - ...dan foydalanishga bo'lgan huquq, imkoniyat

internet access - internetdan foydalanishga imkoniyat

wheelchair access - nogironlik aravasidagilarga ...dan foydalanish imkoni

break a habit - odatni tashlamoq

break with tradition - an'anaga (odatga) amal qilmaslik

make the break (from) - aloqalarga putur yetmoq, aloqalarni uzmoq

take/have/need a break - tanaffus (olmoq/qilmoq/kerak)

a welcome break from - ...dan uzoq kutilgan tanaffus (judayam xohlangan)

lunch/tea/coffee break - tushlik/choy/qahva uchun tanaffus

change from smth to smth - ...dan ...ga o'zgarmoq

change smth into - ...ga o'zgartirmoq

change smth for - ...ga o'zgartirmoq

change for the better/worse - yaxshi/yomon tarafga o'zgarish

change your mind - fikrni, qarorni o'zgartirmoq

change the subject - mavzuni o'zgartirmoq (suhbatni boshqa tomonga burmoq)

make a change - odatdagidan boshqacha yo'l tutmoq, qiziqarli bo'ladi

undergo a change - o'zgarishni boshdan kechirmoq

set a clock - budilnik qo'ymoq

watch the clock - ish vaqti tugashini kutib turmoq

against the clock - ma'lum bir vaqtdan avval tugatish uchun tez bajarmoq

around the clock - kun-u tun

clockwise - soat mili bo'ylab

clockwork - kalit bilan burab harakatga keltiriladigan o'yinchoqlar

date from - ... davrga borib taqaladi
(o'sha vaqtdan beri mavjud)
date back to - ... davrga borib taqaladi
(o'sha vaqtdan beri mavjud)
keep (smth) up to date - oxirgi
yangiliklardan ogoh tutmoq
set/fix a date - sanani belgilamoq
go on/make a date (with sb) -
uchrashuvga chiqmoq/uchrashmoq
at a later/future date - kelajakda
to date - hozirgacha
demand smth from sb - ...dan ...ni talab
qilmoq
meet/satisfy a demand -
iste'molchilarning ehtiyojini qondirmoq
make a demand - talablar qo'ymoq
the demand for - uchun talab
in demand - xaridorgir, bozori chaqqon
on demand - talab qilinishi bilanoq
have/lack the energy to do - ...ga quvvati
bor bo'lmoq/yetishmaslik
put/throw your energy into - .. ga
quvvatini sarflamoq
nuclear energy - yadro energiyasi
source of energy - energiya manbasi
energy needs - energiya zaruriyati
energy crisis - energiya (yoqilg'i)
yetishmovchiligi
form an impression of - biron kim
haqida taassurot shakllantirmoq
take/assume the form of - ...ning
shakliga kirmoq
fill in/out a form - anketani to'ldirmoq
in the form of - ...ni ko'rinishida,
shaklida
in good/bad form - yaxshi/yomon
jismoniy holatda
application form - ariza qog'ozi (ishga
yoki universitetga kirish uchun)
good (for sb) to do - ... uchun yaxshi
a good/great deal - ancha-muncha, ko'p
a good many/few - ko'p/bir nechta

good of sb to do - mehribon, yordam
berishni yoqtiradigan
for sb's own good - ...ning foydasiga
no good - foydasiz
it's no good doing - ... qilishdan naf yo'q
know (smth) about - haqida (biron
nima) bilmoq
know sb/smth to be/do - ...ni ko'rgan,
eshitgan, yoki boshdan kechirgan
know better - ...ni qilmaslik uchun
yetarli darajada mulohazali, idrokli
get to know - o'rganmoq, tanishmoq
come to know - anglab yetmoq
tushunmoq
let sb know - aytmoq, xabardor qilmoq
in the know - boshqalarga qaraganda
ko'proq ma'lumot biladigan
know-how - biron sohada bilim va
tajriba
lead sb into - ...ga boshlamoq
lead the way - yo'l boshlamoq,
nimadadir ilg'or bo'lish
lead the world - dunyoda yetakchi
bo'lmoq
lead sb to do - ... qilishiga sababchi
bo'lmoq
lead to/down/through -
...ga/pastga/bo'ylab yetaklamoq
take/hold the lead - ustunlikni qo'lga
olmoq
follow sb's lead - bir xil yo'l tutmoq
in the lead - bosh ro'lda; birinchilikda
link to - ...ga bog'lamoq
link sb/smth to/with - ...ni ...ga
bog'lamoq
click on/follow a link - internet url
ustiga bosmoq
establish a link between - bilan
aloqalarni yo'lga qo'ymoq
find a link between - orasidagi
bog'liqlikni topmoq
prove a link between - o'rtasidagi
bog'liqlikni isbotlamoq

change/swap places with - ...ning o'rnida bo'lmoq

take the place of - ...ning o'rnini egallamoq

take sb's place - ...ning o'rnini egallamoq

put smth in (to) place - joyga qo'ymoq

in place of sb/sth - kimningdir/nimaningdir o'rniga

out of place - o'z o'rnida emas

place of work - ish joyi

no place for - xavfli joy

the process of - ... ning jarayoni

in the process of doing - ...qilish jarayonida, ... qilayotganda

peace process - tinchlik jarayoni (muzokaralar)

a process of elimination - notog'ri javoblarni chiqarib tashlash orqali to'g'ri javob toppish

serve a purpose - biror bir maqsadga xizmat qilmoq

the purpose of doing - ...qilishdan maqsad

sb's purpose in doing - ... qilishdan maqsadi

a sense of purpose - ma'no, mazmun, mohiyat

on purpose - atayin, qasddan

escape from reality - haqiqatdan qochmoq

face (up to) reality - haqiqatga tik boqmoq

become a reality - haqiqatga aylanmoq

in reality - amalda

virtual reality - haqiqatga o'xshash muhit (kompyuter tomonidan yaratilgan)

reality tv - real hayotda oddiy odamlar bilan olingan ko'rsatuv

a tool for (doing) - uchun qurol, asbob

a tool of - ...ning quroli (majoziy manoda)

toolbar - uskunalar paneli

tool kit - asbob uskunalar to'plami

tool box - asbob-uskunalar qutisi

use smth for (doing) - qilish uchun ishlatmoq

use smth to do - qilish uchun ishlatmoq

use smth as - ... sifatida ishlatmoq

use smth properly - to'g'ri ishlatmoq

have many uses - foydalanish usuli

in use - ishlatilayotgan

of (no) use - foydali (foydasiz)

it's/there's no use doing - qilishdan naf yo'q

what's the use of doing - qilishdan nima naf?

surf the web - vaqtni internetda o'tkazmoq

on the web - internetda

website - sayt

web page - veb sahifa

webcam - veb kamera

world wide web - internet

webmaster - ma'lum bir internet sahifasidagi ma'lumotlarga javobgar shaxs

weblog (blog) - blog

take the wheel - rulni egallamoq, haydamoq

at/behind the wheel - rulda

on wheels - g'ildirak ustida

wheel of fortune - taqdir charxpalagi

leopard can't change its spots – o'zgarmas (xulq odat, xarakterga nisbatan asosan yomon)

all mod cons – barcha qulayliklarga ega

break the mould - oldingilardan boshqacha bo'lish

change your tune – kimdir yoki nimadir haqida munosabatini/qarashini o'zgartirmoq

have a change of heart – fikrini o'zgartirmoq

know smth inside out – nimanidir juda yaxshi tushunish

reinvent the wheel - qayta kashf etmoq

stick to your guns – fikrida/qarorida qolish

the tools of the trade – ish faoliyatida kerak bo'ladigan uquv/mahorat

turn over a new leaf – yaxshi tomonga o'zgarish (xarakter/odatga nisbatan)

adapt - moslashmoq, moslashtirmoq

adaptation - moslashish

adaptor - adaptor

adaptable - moslashuvchan

adjust - o'zgartirmoq, ko'nikmoq

readjust - ko'nikmoq; biroz o'zgartirmoq

adjustment - 1) kichik o'zgarish, yaxshilash; 2) fe'l-atvordagi o'zgarish

adjustable - shakli yoki o'lchamini o'zgartirsa bo'ladigan

alter - 1) o'zgartirmoq; 2) kiyimga o'zgartirish kiritmoq

alteration - o'zgarish, o'zgartirish

unalterable - o'zgartirib bo'lmaydigan

unaltered - o'zgarmagan

alternate - 1) 2 kunda/kechada/haftada/yilda bir marta; 2) ketma-ket bir-biri bilan alishmoq

alternative - 1) muqobil, o'rniga ishlatsa bo'ladigan; 2) muqobil tanlov (variant)

arrange - tashkillashtirmoq, rejalashtirmoq

rearrange - joyini yoki vaqtini o'zgartirmoq

arrangement - tashkiliy ish, tashkillashtirish

rearrangement - joyini yoki vaqtini o'zgartirish

arranged - joylashtirilgan

capable - 1) ...ga qodir; 2) qobiliyatli

capability - qobiliyat

incapable - ...ga qodirmas

capably - mohirlik bilan

change - o'zgarmoq, o'zgartirmoq

exchange - ayirboshlamoq

changeover - tizimdagi o'zgarish

changing - o'zgaruvchan

unchanging - o'zgarmas, bir xil turadigan

changeable - o'zgaruvchan

unchangeable - o'zgartirib bo'lmaydigan

interchangeable - o'rniga ishlatsa bo'ladigan

continue - davom ettirmoq

discontinue - to'xtatmoq

continuity - davomiylik

continuation - davomi, davom etish

continual - uzluksiz, muttasil

continually - qayta-qayta; uzluksiz, to'xtovsiz

continuous - uzluksiz, to'xtovsiz

continuously - qayta-qayta; uzluksiz, to'xtovsiz

convert - ...ga aylantirmoq; boshqa dinga o'tmoq

conversion - o'zgartirish; boshqa dinga o'tish

convertible - boshqa shaklga o'zgartirsa bo'ladigan; tomini ochib-yopsa bo'ladigan mashina

electric - elektr-energiyasiga aloqador; elektr-energiyasi

electrify - elektr-energiyasi bilan ulamoq; jo'shqinlantirmoq

electrician - elektrik

electricity - elektr-energiyasi

electrified - elektr-energiyasiga ulangan

electrifying - jo'shqinlantiruvchi

electrical - elektr-energiyasiga bog'liq

electrically - elektr-energiyasiga bog'liq tarzda

Destination C1&C2

Unit 6. Time and work

abrupt – kutilmagan, to'satdan, juda qo'pol (xulq-atvorga nisbatan)

anachronism - eskilik sarqiti

annual – xar yillik, ananaviy

antique – antikvar

century - asr

chronological – xronologik

contemporary - zamonaviy, zamondosh, asrdosh

decade - o'n yillik

duration - uzoqlik, davom etish muddati

elapse - o'tmoq (vaqtga nisbatan)

era – era, davr

eternal - abadiy, tugamas

expire - tugamoq, muddati tamom bo'lmoq

frequency - sodir bo'lish darajasi, tezligi

instantaneous - darhol, kechiktirmay

interim - vaqtinchalik, muvaqqat

interval - ikki xodisa orasidagi vaqt, davr, muddat

lapse - amal qilish muddati tugamoq

lifetime - umr

long-standing - uzoq davom etadigan

millennium – ming yillik

obsolete – urfdan qolgan, eskirgan

overdue - kechikkan, vaqtidan o'tgan

period – davr, zamon

permanent - doimiy, o'zgarmas

phase - davr, bosqich

postpone - nimadir qilishni kechiktirmoq, keyinga qoldirmoq

prior – dastlabki, oldingi, boshlang'ich

prompt – kechiktirmay

provisional - vaqtinchalik

punctual – ishni o'z vaqtida bajaradigan, puxta

seasonal - mavsumiy

simultaneous – bir vaqtning o'zida, birato'la

span – oraliq, davr

spin - aylanmoq

spell – davr, vaqt

stint – nimadir qilish uchun ajratilgan/belgilangan vaqt

subsequent - biror narsadan keyin

temporary – vaqtincha

timely – o'z vaqtida sodir bo'lgan

vintage - vino, yuqori sifatli vino/kiyim

civil service - davlat ijtimoiy masalalar departamenti

client – mijoz, xaridor

colleague – hamkasb

consultant – maslahatchi

effective – samarali, muvaffaqiyatli

efficient – g'ayratli, epchil

executive - boshqaruvchi

fire – ishdan bo'shatmoq

headhunt - kimnidir o'z tomoniga og'dirmoq

leave – mehnat tatili

multinational - ko'p millatli, juda ulkan korxona

promotion - targ'ibot, tashviqot, qiziqtirish, ko'tarilish

prospects – muvaffaqiyatga erishish imkoniyati

public sector - jamoatchilik sektori (davlat tasarrufidagi sector)

private sector - xususiy sector (davlat tasarrufida bo'lmagan)

recruit –jalb qilmoq, yollamoq

recruit – yangi yollangan askar

redundant – ishdan bo'shatilgan

redundant - keraksiz

sack – ishdan bo'shatmoq

strike - ish tashlamoq, ish tashlash

union – ittifoq, birlashma, kelishuv

crop up – to'satdan/kutilmaganda paydo bo'lmoq, sodir bo'lmoq

dive in – kirishib ketmoq, sho'ng'ib ketmoq

end up – biror joyda yoki vaziyatda to'xtamoq

kick off (with) - boshlamoq, boshlanmoq

knock off – ishni tugatmoq (kun oxirida)

knuckle down – qattiq/astoydil ishlay yoki o'qiy boshlamoq

lay off – ishdan bo'shatmoq,nimadir qilishni vaqtinchalik to'xtatmoq lie ahead – oldinda

make up – yo'qotilgan vaqtni qoplamoq

press ahead /on (with) – qiyinchilik, qarshiliklarga qaramay maqsad sari yurmoq

set out – maqsad qilmoq

snow under – juda band bo'lmoq

take on - ishga yollamoq, biror bir ishni qabul qilmoq, masuliyatni o'z zimmasiga olish

tide over - kimgadir nimadir qilishda yordam bermoq (asosan qiyin vaqtda)

while away - vaqtni tinch o'tkazmoq

wind down – tinchlanmoq, xotirjam bo'lmoq, asta sekinlik bilan tugamoq, ishlab chiqarishni yoki biror bir ishni sekinlik bn kamaytirmoq

partly/mainly/all about - qisman/asosan/butunlay ...ga bog'liq, aloqador

do smth about - biror muammoni yechish uchun biror ish qilmoq

about time - biror ishni qilish kerak bo'lgan vaqt

about to do - qilish arafasida, ...moqchi

act your age - yoshiga yarashadigan ish qilmoq

(at/by/from) the age of - ...yosh(da/gacha/dan)

under age - yetarli yoshga to'lmagan

school/working age - maktab/ishlash yoshi

with age - vaqt o'tgani sari, ulg'aygan sari

age limit - yosh chegarasi

age bracket/group - yosh guruhi

(in the) stone/bronze/iron age - tosh/bronza/temir davri(da)

take/spend ages (doing) - (biror nima qilishga) uzoq vaqt olmoq/sarflamoq

ages ago - uzoq vaqt avval

seems/feels like ages (since) - (...dan beri) uzoq vaqt o'tganga o'xshaydi

run its course - odatiy tarzda o'tib ketmoq, tugamoq

in/during the course of - davomida, biror nima sodir bo'lgan vaqtda

in due course - vaqti kelganda (undan avval emas)

on a course - kursda, to'garakda

course of action/events - yo'l, yechim

make sb's day - (biror narsaga nisbatan) juda xursand qilmoq

day by day - kundan-kun

from day to day - 1) kelajak haqida o'ylamay; 2) tez-tez

any day now - tez orada

in this day and age - hozirgi kunlarda

day off - ishlamaydigan kun (dam)

day out - bir kunlik sayr biror yerga

day trip - bir kunlik safar

come to an end - tugamoq, yakun topmoq

bring smth to an end - tugatmoq

put an end to - nuqta qo'ymoq, tugatmoq

at/by the (very) end (of) - (...ning) (eng) oxirida/gacha

no end in sight (to) - (...ga) yakun tez orada kelmaydi

at an end - so'nggi pog'onasida

(for) hours/weeks on end - soatlab/haftalab (to'xtovsiz)

in the end - oxirida, yakunda

hardly ever - deyarli hech qachon, juda kamdan-kam holatda

if ever - agar ish-harakat sodir bo'lganda ham, kamdan-kam sodir bo'ladi

first/only smth ever (to) - (biror nima qilishda) birinchi/yagona

bigger/better than ever - har doimgidan ham kattaroq/yaxshiroq

as ever - har doimgidek

ever since - o'sha vaqtdan beri

forever/for ever - abadiy

keep regular/late hours - ishlarni (masalan: uyg'onish, uxlash) doim birdek/kech vaqtda bajarish

work long hours - odatdagidan (keragidan) ko'p vaqt ishlamoq

for hours (on end) - soatlab (to'xtovsiz)

(during) school/working hours - maktab/ish vaqtida

at/until all hours - istalgan vaqtda/juda kech paytgacha

after hours - odatdagi yopilish vaqtidan keyin

out of hours - ish tugash vaqtidan keyin

get/find/take/do a job - ish olmoq/topmoq/olmoq/qilmoq

it's a good job - .... bo'lgani yaxshi bo'ldi

leave/lose your job - ishini tark etmoq/yo'qotmoq

make/do a good/bad job of - ...ni yaxshi/yomon bajarmoq

make the best of a bad job - qiyin vaziyatni o'z holicha qabul qilib, qo'ldan kelgancha yaxshilab harakat qilmoq

have a job to do/doing - qilishga qiynalmoq

sb's job to do - ...ni qilish ...ning vazifasi, burchi

out of a job - ishsiz

on the job - ish paytida

job losses - ishdan bo'shatilishlar

take/be a moment - bir soniya olmoq/bo'lmoq

just/wait a moment - bir soniya (kuting)

any moment (now) - tez orada

at the moment - hozir

at this/that moment in time - aynan hozir/o'sha payt

in a moment - bir soniyada (tez fursat ichida)

the right moment (to/for) - ...ning ayni vaqti, qilishga qulay fursat

the moment of truth - haqiqat oshkor bo'ladigan payt, kimdir test qilinadigan payt

you never know - kelajakda nima bo'lishini bilib bo'lmaydi

never again - qayta hech qachon

never mind - o'ylab o'tirma, qayg'urma

never mind if/whether - (bundan ibora topa olmadim)

never ever - hech qachon

never-ending - tuganmas, cheksiz

now is the time to - hozir ...qilishning vaqti

from now on - hozirdan boshlab

for now - hozircha

up to now - hozirgacha

right now - hozir(oq)

now that - ... hozir sodir bo'lgani sababli

any day/moment now - tez orada

just now - hozir; hozirgina

every now and then/again - ba'zi-ba'zida, gohi-gohida

nowadays - hozirgi kunlarda

take office - boshqaruvdagi asosiy o'rinlardan birini egallamoq va ish boshlamoq (asosan hukumatda)

run for office - boshqaruvdagi asosiy o'rinlardan biri uchun nomzodini qo'ymoq

public office - hokimiyat ishi

head office - kompaniyaning bosh ofisi

office holder - hukumat ishchisi

office block - ofislar uyushgan bino

office hours - odatiy ish vaqti

office party - ma'lum bir ofis xodimlari uchun bazm (odatda christmasdan avval)

on time - o'z vaqtida

on and on - to'xtamay, uzluksiz tarzda

on end - aytilgan muddat bo'yi: kunlab, haftalab, oylab

from now/that moment/then on - hozirdan/o'sha paytdan/o'shandan boshlab

you're on! - biron kimning tikkan narsasini yoki musobaqaga chorlovini qabul qilish uchun aytiladi

give/take sb a second to do - ... qilish uchun qisqa vaqt bermoq/olmoq

in a second - qisqa vaqt ichida

within seconds - qisqa vaqt ichida

seconds later - biroz muddatdan so'ng

a split second - juda qisqa fursat

have/make a good/fine/bad start - yaxshi/yomon boshlash qilmoq

get off to a good/flying/head/bad start - biror nimani yaxshi/ajoyib/yomon boshlamoq

make a start (on/at) - ni boshlamoq

(right) from the start - (eng) avvaldan, boshidanoq

for a start - birinchidan ...

(at/from the) start of - ...ning boshi(da/dan)

get (smth) started - (...ni) boshlamoq

in the long/short term - uzoq/yaqin kelajakda

end of term - semester oxiri

term of/in office - (boshqaruv, hukumatdagi) vazifasidagi muddati

term time - semester oldi muddat (imtihonlar oldi)

prison/jail term - hibis muddati

fixed term - ma'lum muddat

long-/short-term - uzoq/qisqa muddatga cho'ziladigan (yoki mo'ljallangan)

pass the time - vaqt o'tkazmoq

spend time - vaqt sarflamoq

make time - vaqt ajratmoq

find the time - vaqt topmoq

take time - vaqt olmoq, sarflamoq

in time - o'z vaqtida (belgilangan vaqtdan qanchadir muddat avvalroq,

sizda boshqa biror narsa qilishga vaqt bo'ladi)

on time - o'z vaqtida (belgilangan vaqtga taqab, lekin ulgurib, sizda boshqa biror narsa qilishga vaqt bo'lmaydi)

by the time - ...gacha

time after time - tez-tez, ko'pincha holatda

part-time - yarim stavkali

full-time - to'liq stavkali

time frame - muddat

time limit - chegaralangan vaqt

work on/in/with/as/at/for - ...da/...da/bilan/ bo'lib/ ...da/ ...ga ishlamoq

work like magic - ish bermoq, samarali bo'lmoq

work both ways - ikkala tomonga ham birdek foydali bo'lmoq

work a treat - ish bermoq, samarali bo'lmoq

work wonders - ajoyib natijalarga erishmoq

work your way (through/around) - ...ni boshidan oxiriga qadar matonat bilan ishlab tugatmoq

at work - ishda

out of/in work - ishsiz/ishli

piece of work - ish asari

years of age - yoshli

years old - yoshli

year on year - yildan-yil, har yili

for years - yillardan beri

not/never in a million years - hech qachon

leap year - fevral oyi 29 kunlik bo'ladigan 4 yilda bir marta keladigan yil

a stitch in time – o'z vaqtida, ayni vaqtida

all in good time – hamma narsa o'z vaqtida

at the drop of a hat – darhol, zudlik bilan

before your time – kimningdir tug'ilishidan oldin

for good – butunlay

for the time being - hozircha

from time to time - bazan-bazan

in/for donkey's years - ancha vaqtdan beri

in the nick of time – so'ngi lahzada/daqiqada

once in a blue moon – kamdan kam

on the spur of the moment – o'ylamay, rejalashtirmay

the other day – o'tgan kun

antique - tarixiy, antikvar

antiquity - uzoq o'tmish, antik davr

antiquated- eskirgan

apply - murojaat qilmoq

reapply - qayta murojaat qilmoq

misapply - noto g ri qo'llash

application - ariza

applicability - qo'llanilishi

inapplicability - qo'llanilmasligi

applicable - yaroqli

inapplicable - yaroqsiz

applied - amaliy

misapplied - notog'ri tadbiq

compete - musobaqalashmoq

competition - musobaqa

competitor - raqib

competitiveness- raqobatbardoshlik

competitive - raqobatbardosh

uncompetitive - raqobatbardoshsiz

competitively - raqobatbardosh

uncompetitively - raqobatbardoshsiz

employ - ish bermoq

employment - bandlik

unemployment - ishsizlik

underemployment - kam bandlik

employer - ish beruvchi

employee - xizmatchi

employed - ishlagan

unemployed - ishsiz

underemployed- kam ish bilan band

employable- mehnat qilishga yaroqli

employable - mehnat qilishga yaroqsiz

end - oxir

ending - tugatish

unending- tugamas

endless - cheksiz

endlessly - cheksiz ravishda

event - voqea

eventful - voqea-hodisalarga boy

uneventful - voqea-hodisalarsiz

eventual - yakuniy

eventually - nihoyat

expect - kutmoq, umid qilmoq

expectation - kutish

expectancy - umid

expectant - umidvor

expectantly - umidvor bo'lib

expected - kutilmoqda

expectedly - kutilgan holda

unexpected - kutilmagan, tasodifiy

unexpectedly - kutilmagan tarzda

future - kelajak

futurist - futurist

futuristic - futuristik

futuristically - futuristik jihatdan

history - tarix

historian - tarixchi, tarixshunos

historic - tarixiy

historical - tarixiy

historically - tarixan

incident - voqea, hodisa

incidence - ko'lam, miqdor

coincidence - mos kelish

incidental - tasodifiy

incidentally - darvoqea

coincidental - mos keladigan

coincidentally - tasodifan

job - kasb

jobbing - ahyon-ahyonda bir bo'lib turadigan ish

jobless - ishsiz

last - oxirgi

outlast - uzoq davom etmoq

lasting - doimiy
everlasting - abadiy
lastly - nihoyat
manage - boshqarmoq
mismanage - qoniqarsiz boshqarmoq
manager - boshqaruvchi
manageress - mudira, boshqaruvchi ayol
management - boshqaruv
mismanagement - qoniqarsiz boshqaruv
manageable - uddalasa bo'ladigan
unmanageable - nazorat qilish qiyin
bo'lgan
mismanaged - yomon boshqarmoq
managerial - ma'muriy
managing - rahbarlik qiluvchi
moment - lahza
momentaus - o'ta muhim
momentary - bir lahzali
momemtarily - bir lahzaga
period - davr
periodical - davriy, vaqt-vaqti bilan
bo'lib turadigan
periodic - davriy, takrorlanib turadigan
periodically - vaqti-vaqti bilan
produce - ishlab chiqarmoq
producer - ishlab chiqaruvchi
product - mahsulot
productivity - mahsuldorlik
production - ishlab chiqarish
counterproductive - teskari natija
keltirib chiqaradigan
productive - samarali
unproductive - samarasiz
time - vaqt
mistime - noto'g'ri vaqt
timer - taymer
timing - belgilangan vaqt
overtime - ish vaqtidan tashqari
vaqt
timetable- jadval
timelessness - vaqtsizlik
timely - o'z vaqtida

untimely - bemahal, vaqtidan ilgari yuz
bergan
timeless - bevaqt
timelessly - vaqtsiz
work - ish
rework - qayta ishlash
overwork - haddan tashqari ko'p
ishlamoq
worker - ishchi
works - fabrika
reworking - qayta ishlash
workplace - ish joyi
overworked - ortiqcha ishlagan
working - ishga ega
workable - ziyon keltirmaydigan, foydali
unworkable – ishlamaydigan

Destination C1&C2
Unit 8. Movement and transport
accelerate - tezlikni oshirmoq,
tezlashtirmoq
approach - yaqinlashmoq
ascend - ko'tarilmoq, tirmashib chiqmoq
bounce - nimagadir urilib sapchip
ketmoq, uchib ketmoq (koptok . . .)
clamber - qiyinchilik bn tirmashib
chiqmoq
clench - mahkam tutmoq, siqmoq
clutch - mahkam tutmoq (qo'rquv,
xavotirdan, og'riqdan)
crawl - o'rmalamoq, emaklamoq ----
juda sekin yurmoq (texnikaga nisbatan)
creep - sekin oxista emaklamoq
(sezdirmaslik u/n)
dash - tez harakat qilmoq
descend - pastga tushmoq
drift - sekin harakatlanmoq (maqsadsiz,
yo'nalishsiz)
emigrate - yashash u/n boshqa joyga
ko'chib ketmoq
float - suv yuzasida turmoq
(cho'kmasdan)
flow - oqmoq, quyilmoq

fumble - paypaslab topmoq, paypaslamoq

gesture - imo ishora orqali tushuntirmoq

glide - osonlik bn harakatlanmoq

grab - kimnidir/nimanidir to'satdan mahkam tutmoq

grasp - kimningdir qo'lidan ushlamoq/tutmoq

hop - bir oyoqda sakramoq

immigrant - imigrant (ko'chib keluvchi)

jog - sekin yugurmoq

leap - sakramoq, sakrash

march - qadam tashlamoq

migrate - qayergadir uchib kelmoq/uchib ketmoq

point - ko'rsatmoq

punch - mushtlamoq, mushti bn urmoq

refugee - qochoq

roam - darbadar kezmoq

roll - yumalamoq, yumalatmoq, ag'darmoq

rotate - aylanmoq, aylantirmoq

route - yo'nalish

sink - cho'kmoq

skid - sirg'anmoq, sirpanmoq, toymoq, sirpanish, toyish

skip - sakramoq, sakrab o'ynamoq

slip - sirpanib ketmoq (kutilmaganda)

step - yurmoq, qadam qo'ymoq, qadam, odim

stride - katta-katta qadam tashlamoq

velocity - tezlik

wander - tentirab yurmoq, maqsadsiz yurmoq

wave - qo'l silkitmoq

airline - xavo kompaniyasi

cargo - yuk (samalyot/kema/transportda tashiladigan)

carriage - ot arava, vagon

charter - transport (asosan samalyot) yollamoq

commute - bir xil yo'nalish bo'yica yurmoq (ish va uy - o'qish va uy)

destination - manzil

hiker - sayrga chiqqan kishi

hitchhiker - yo'lovchi mashinalarda tekin sayohat qiluvchi

jet lag - uzoq parvozlar davomida vaqtlar farqi tufayli toliqish

legroom - oyoqlar u/n joy (mashinada biror bir o'rindiqdan keyin)

load - yuk, og'irlik, yuklamoq

passerby - yo'lovchi

pedestrian - piyoda

pier - pirs (qayiqqa chiqib tushish joyi)

pilot - uchuvchi

quay - kemalar bog'lab qo'yiladigan joy

return fare - sayohat to'lovi

round trip - biron joyga borib yana boshlagan joyiga qaytib kelishi

steer - boshqarmoq

steward – styuardessa

cordon off – biror bir joyni aylantirib to'sib qo'ymoq

creep up on – kimdir tomonga sezdirmasdan yaqinlashmoq

fall behind – ortda qolmoq, yetisholmay qolmoq

go astray- adashib qolmoq

head off- yo'lini to'smoq, nimaningdir sodir bo'lish oldini olish

hold back - xarakatini cheklamoq, yo'lini to'smoq

move in (with) - boshqa uyga ko'chmoq

move on – yangi ish/faoliyat boshlamoq

move out – ko'chib chiqmoq

move over – siljimoq

pull over – mashina/texnikani yo'l chetiga to'xtatmoq

slip away - sezdirmasdan jo'nab ketmoq, yashirincha chiqib ketmoq

step aside /down –kimgadir o'rnini
(lavozimini) bo'shatib bermoq, kimgadir
yo'l berish u/n chetga o'tmoq

stop off –biror bir joyda yo'l-
yo'lakay/qisqacha to'xtab o'tmoq

tip up – bir tomoni ko'tarilib ketmoq,
ag'darmoq (ichidagi narsalarni to'kish
u/n)

walk out –jahl bilan/zerikishdan biror
joyni tark etmoq (kino, yig'ilish . .),
qarindoshlarini/oilasini tashlab ketmoq

back - orqaga

back into sth - biror narsaga qaytish

back sb (to do) - kimnidir orqaga
qaytarish

come - kelmoq

come to a conclusion / decision / etc -
oxiriga/xulosaga kelmoq

come to power - hokimyatga kelmoq

come into view - ko'rinishga kirish

come as a shock / etc - zarba sifatida
kelish

come to do sth - nimadir qilish uchun
kelish

come true - haqiyqatga aylanmoq

drive - haydamoq

drive (your point) home - uyga
haydamoq

drive sb crazy / mad - kimnidir aqldan
ozdirmoq

drive sb to do sth - kimnidir biror narsa
qilishga undamoq

drive at sth - biror narsaga haydash

drop - tomchi, tomchilamoq

drop sth off sth - biror narsani tashlab
yuborish

drop sth into / onto sth - biror narsaga
tushish

drop sb at - kimnidir tashlab qoyish

drop a hint - maslahat berish

drop sb (from a team) - jamoadan
chetlashirish

fall - tushmoq

fall ill - kasal bo'lib qolish

fall into (a category) - toifaga kirish

fall in love - sevib qolmoq

fall into place - qatlamga tushish

fall short - qisqarish

fall to pieces - bo'laklarga tushish

fly - uchmoq, chivin

fly a flag / kite - varrak/bayroq uchirish

fly by - uchib otish

fly open - ochiq uchish

fly at - da uchish

follow - ergashmoq

follow sb's argument / etc - kimningdir
bahsiga ergashmoq

follow suit - amal qilish

follow sb's lead - kimningdir yo'l
yo'rig'iga ergashmoq

follow sb's advice - kimningdir
maslahatiga ergashmoq

as follows - quyidagicha

get - olmoq

get going - ketmoq

get somewhere - biroq joyga bormoq

get ill / angry / upset / etc - kasal/jaxli
chiqqan/xafa bo'lmoq

get sth wet / dirty / etc - ho'l/kir narsa
olmoq

get to do sth - nimadir qilish uchun
olmoq

get sb sth - kimdandir nimanidir olmoq

get sth done - biror narsa qilish

go - bormoq

go and do sth - borish va nimadir qilish

go deaf / grey / crazy / bad / etc -
kar/kul rangga o'tish/aqldan
ozgar./yomon bo'lish

go for days / weeks / etc (without sth) -
kunga/xaftaga borish

go hungry - och qolmoq

go without - holda borish

go to do sth - nimadir qilish uchun
borish

head - bosh

head towards / for (a place) - tomon bosh

head a ball - to'pga bo'sh

head a committee / etc - komissiyaga raxbarlik qilmoq

head a list - ro'yxatni boshlamoq

jump - sakramoq

jump at the chance (to do) - imkoniyatga sakrash

jump the queue - navbatga o tish

jump to conclusions - xulosa chiqarishga shoshilish

jump the gun - qurolni sakrash

move - harakatlanmoq

move it - harakatlantirish

get a move on - harakat qilish

follow sb's every move - birovning har bir harakatini kuzatib borish

make a move - harakat qilish

on the move - harakatda

point - nuqta

point at/to/towards sth - biror narsaga ishora

get to the point - nuqtaga kelish

make a point of doing sth - biror narsa qilishni maqsad qilib qo'yish

make your point - fikrini bildirish

miss the point - nuqtani o'tkazib yuborish

at some point - bir nuqtada

beside the point - nuqtadan tashqari

up to a point - bir nuqtaga qadar

a sore point - og'riqli nuqta

raise - oshirish

raise your hand - qo'lingizni ko'tarinv

raise sth with sb - birov bilan biror narsani ko'tarish

raise a child/family - bolani/oilani tarbiyalash

raise sb's hopes/expectations - kimningdir umidini ko'tarish

raise a smile - tabassum ko'taring

raise your voice - ovozingizni ko'taring

run - yugurmoq

run a business/campaign/etc - biznes/companiyalarni yurgizish

run riot - g'alaba qilish

run on petrol/electricity/etc - benzim/elektr energiyasini ishlatish

run through sth - biror narsadan o'tish

run the risk of doing - ...qilish xafi bor

run into problems - muammolarga duch kelish

rush - shoshilish

rush to conclusions - xulosa chiqarishga shoshilish

do sth in a rush - shoshqaloqlik bilan biror narsa qilish

in a rush (to do sth) - shoshilib

mad rush - aqldan ozish

rush hour - shoshilinch soat

the Christmas/etc rush - Rojdestvo shoshilishi

steady - barqaror

steady yourself - o'zingizni barqaror qiling

steady your nerves - asablaringizni mustahkamlang

hold sth steady - biror narsani barqaror ushlab turish

steady relationship - barqaror munosabatlar

steady growth - barqaror o'sish

steady look - barqaror ko'rinish

steady pace - barqaror sur'at

track - trek

keep track of - kuzatib borish

lose track of time - vaqtni yo'qotish

on the wrong track - noto'g'ri yo'lda

on track (to do) - yo'lda (qilish uchun)

turn - burilish

turn to do sth - Biror narsa qilish uchun burilish

turn a gun/etc on sb - birovga qurol ochish

turn to sb - birovga murojaat qilish

turn cold/nasty/etc - sovuqqa/yomonga aylanish

turn 40/etc - 40 yoshga kirish

way - yo'l

get in sb's way - birovning yo'liga tushish

know the way - yo'lni bilish

lose your way - yo'lni yo'qotish

get sth out of the way - yo'ldan bir narsani olish

make way for - ... uchun yo'l ochish

in the way - yo'lda

on the way - yulda

in this way - shu tarzda, shu ravishda, shunday qilib

a way of doing - qilish usuli

by the way – aytmoqchi

a stone's throw (away/from) – juda yaqin

as the crow flies - to'g'ri chiziqda, to'g'ri yo'nalishda

follow your nose – to'g'ri harakatlanmoq (burilmasdan), o'zi to'g'ri deb xisoblagan narsani qilmoq

in the middle of nowhere – shahardan uzoqda

lose your bearings – chalkashmoq, qayerda ekanligini bilmay qolmoq

get/find your bearings – qayerda ekanligini aniqlamoq, yangi vaziyat b/n tanishmoq

make a beeline for – kimningdir oldiga shoshilmoq

off the beaten track - odamlar kam boradigan joy, asosiy yo'ldan uzoqda

stop dead in your tracks - to'satdan to'xtamoq

take a short cut – qisqaroq yo'ldan yurmoq

take the scenic route – uzoqroq yo'ldan borish(maftunkorligi uchun)

access - kirish

accessibility - foydalanish imkoniyati

accessible - foydalanish mumkin

inaccessible - erishib bo'lmaydigan

come - kel

overcome - yengish

comeback - qaytish

newcomer - yangi kelgan

outcome - natija

income - daromat

(on)coming - kelayotgan

incoming - kirovchi

go - boriah

undergo - duchor

underwent - boshidan kechirgan

undergone - o'tgan

ongoing - davom etayotgan

outgoing - chiquvchi

land - yer

landing - qo'nish

landed - qo'ndi

landless - yersiz

mobile - mobil

mobilise - safarbar qilish

immobolise - harakatsizlantirish

mobility - harakatchanlik

immobility - harakatsizlik

mobilisation - safarbarlik

immobile - harakatsiz

motion - harakat

motionless - harakatsiz

move - harakat

mover - harakatlantiruvchi

movement - harakat

movable - harakatlanuvchi

immovable - ko'chmas

moving - harakatlanuvchi

pass - o'tish

passage - o'tish

passable - o'tish mumkin

impassable - o'tib bo'lmaydigan

passing - o'tish

progress - taraqqiyot

progression - taraqqiyot

progressive - taraqqiyparvar

progressively - asta-sekin
rapid - tez
rapidity - tezlik
rapidly - tezlik bilan
speed - tezlik
sped - tezlashdi
speeding -tezlikni oshirish
speedy - tez yurar
speedily - tez
stable - barqaror
(de)stabilise - (be)barqarorlashtirish
stability - barqarorlik
instability - beqarorlik
destabilisation -
stabiliser - beqarorlik
stabilising - barqarorlashtirish
destabilising - beqarorlashtiruvchi
unstable - beqaror
stand - turish
withstand - chidash
withstood - tik turgan
standing - tik
upstanding - ajoyib
outstanding - tik turgan
notwithstanding - qaramay
steady - batqaror
unsteady - beqaror
steadily - barqaror
unsteadily - beqaror
transit - tranzit
transition - o'tish
transitory - o'tkinchi
transitional - o'tish davri
transitionally - o'tish davri
up - yuqoriga
upper - yuqori
uppermost - eng yuqori
upright - tik
upward(s) - yuqoriga
upwardly – yuqoriga

Destination C1&C2

Unit 10. Communication and the media

allege - asossiz davo qilmoq, asossiz ayblamoq
ambiguous - mujmal, aniq emas
assert – o'zini ishonchli/dadil tutmoq
boast - faxrlanmoq/g'ururlanmoq
clarification - tushuntirish
colloquial - og'zaki, so'zlashuvga oid
comprehend – tushunmoq
confide - ishonmoq, ishonib sirini aytmoq
confirm – tasdiqlamoq, maqullamoq
context - vaziyat, muhit
contradict - zid bo'lmoq, qarama-qarshi bo'lmoq
convey - ifodalamoq, aytmoq
declare – elon qilmoq
denounce – tanqid qilmoq, ayblamoq
disclose - oshkor qilmoq
exaggerate - bo'rttirmoq, mubolag'a qilmoq
flatter - xushomad qilmoq, iltifot ko'rsatmoq
gist – mohiyat, mazmun
hint – ishora, shama
hint - shama qilmoq, ishora qilmoq
illegible - o'qilishi/tushunilishi qiyin
inkling - shubha, gumon
insist - talab qilmoq
jargon - jargon (malum bir guruh kishilar tomonidan ishlatiladigan so'zlar)
literal - tub manosi, asl manosi
mumble - ming'illamoq (tushunarsiz gapirmoq)
murmur - pichirlamoq, pichirlash
petition - petitsiya (ko'pchilik tomonidan biror narsa talab qilib imzolangan norozilik xati)
placard – plakat, afisha
quibble - muhim bo'lmagan narsalar haqida tortishmoq

rant/rave – nimadandir shikoyat qilmoq

relevant - dahldor, aloqador

scribble - chizib/yozib tashlamoq

stumble - qoqilmoq, qoqilib tushmoq

stutter - duduqlanmoq

tip - malumot

utter - aytmoq, demoq

vague - g'ira-shira, noaniq

anchor - yangilik sharxlovchi

broadcast – televideniya yoki radioda olib berilmoq

broadcast - teleko'rsatuv, radioeshittirish

caption - izoh, titl (rasm kartina tagidagi izoh)

columnist - sharhlovchi

correspondent - muxbir

coverage – yoritish (biror bir xodisani televideniyada)

critic – tanqidchi

footnote – snoska, havola (sahifaning pastki qismidagi qo'shimcha izoh)

ghostwriter - kim uchundir asar/maqola yozuvchi kishi

handbook – qo'llanma

manifesto – dastur (siyosiy partiya, huruh, tashkilotning maqsadini ko'rsatuvchi dastur)

novelist – romannavis, romanchi

pamphlet - broshyura, tarqatma material

prerecorded - yozib olingan (jonli emas)

reviewer - muxbir

spine - kitobning sahifalari birlashtirilgan qismlari

subtitles – kino yoki ko'rsatuv vaqtida ekran ostidagi yozuv

supplement – qo'shimcha qism (gazeta, jurnal)

tabloid – juda kichkina ro'znoma

trailer – reklama (kino/ko'rsatuvning qiziqarli qismi ko'rsatilgan reklama)

blurt out – o'ylamasdan aytib yuborish (asosan jahl chiqqanda yoki xayajonlanganda)

catch on – tushunmoq

catch on – urf bo'lmoq, ommaviylashib ketmoq

come out – ketmoq (kiyimdagi dog'ga nisbatan)

come out – malum bo'lmoq

come out – kinoga nisbatan sctuvga chiqmoq/ gazeta, jurnallarga nisbatan nashrdan chiqmoq

come out with – reaksiya bermoq, allergiya bermoq

come out with – kutilmagan narsalarni aytmoq

dry up – qurib qolmoq (suv tugamoq)

dry up – ish tugamoq (tirikchilik manbai)

dry up - aytmoqchi bo'lgan gapini unutmoq

get across – kimnidir nimanidir tushunishga/ishonishga undamoq

get (a)round – tarqalmoq (yangilik, xabarga nisbatan)

the rumours got around the town quickly

get through (to) - tugatmoq, tugamoq

get through – telefon orqali bog'lanmoq

let on – biror bir maxfiy narsa haqida aytmoq

pass on – kimgadir nimanidir berib/yetkazib qo'ymoq

put across/over – biror bir narsani oson yo'l bn tushuntirmoq

set down – nimanidir rasmiy ravishda aytmoq

set down – yozib qo'ymoq

shout down – kimdir gapirayotganda baqirib uni eshitishni qiyinlashtirish

speak out – o'z fikrini qatiy aytmoq (nimagadir qarshi bo'lganda yoki nimanidir ximoya qilganda) talk over – muhokama qilmoq

talk round – kimnidir nimadir qilishga ishontirmoq

talk round – nimanidir yuzaki/shunchaki muhokama qilmoq

answer - javob

answer to sb - kimgadir javob bermoq

give sb an answer - kimgadir javob bermoq

answer charges/criticisms - tanqidlarga javob bermoq

answer a need - ehtiyojga javob bermoq

answer sb's prayers - kimningdir duolariga javob bermoq

answer the description of - ...ning tavsifiga javob bermoq

(have a lot to) answer for - javob beriladigan ko'p narsalar bor

in answer to - ...ga javoban

argument - bahs

have/get into an argument (with sb) - (kimdir bilan) bahslashmoq

win/lose an argument - bahsda g'olib bo'lmoq/yutqazmoq

argument about/over - ...haqida bahs

argument for/against - rozilik/qarshilik bahsi

without an argument - bahslarsiz(muammosiz)

ask - so'ramoq

ask yourself sth - nimanidir o'zingizdan so'ramoq

ask sb a favour - kimdandir yordam so'ramoq

ask a lot/too much (about sb) - (kimdir haqida) ko'p so'ramoq

ask sb over/round - kimnidir uyga taklif qilmoq

for the asking - xohlaganidek bo'lmoq

asking for trouble/it/etc - muammo paydo qilmoq

if you ask me - agar mendan so'rasangiz... (fikrni aytish)

book - kitob

read sb like a book - kimningdir o'y-fikrlarini osongina tushunmoq

(do sth) by the book - qonun yoki qoidalarga qattiq rioya qilmoq

book about/on - ...haqida kitob

a closed book - hech kim yaxshi bilmaydigan fan/inson

an open book - hamma yaxshi biladigan fan/inson

in my book - fikrimcha

in sb's good/bad books - kimningdir kimnidir yoqtirishi/yoqtirmasligi

discussion - bahs

(have a)discussion about/on - ...haqida bahs

(have a) discussion with - ...bilan bahs (qilmoq)

discussion of - ...ga aloqador bahs

in discussion with - ...bilan bahsda bo'lmoq

under discussion - bahsda (haven't reach the agreement yet)

heated discussion - qiziqarli bahs

discussion group - bahs guruhi

letter - xat

(get/receive) a letter from - ...dan xat qabul qilmoq

send/write sb a letter - kimgadir xat jo'natmoq/yozmoq

letter of - ...ning xati

follow/obey sth to the letter - aytilgan ishni qilmoq

the letter of the law - qonunda yozilganlar

letter bomb - kichik paketga o'radigan portlovchi modda

letterbox - xat qutisi

notice - sezmoq

bring sth to sb's notice - kimnidir nimadir haqida xabardor qilmoq

come to sb's notice (that) - xabar topmoq

escape sb's notice - kimdir sezib qolishidan qochmoq

take notice (of) - e'tibor bermoq

at short / a moment's / a few hours' notice - qisqa/bir lahzalik/bir qancha soatlik diqqat

until further notice - aniq bo'lmagan vaqtgacha bo'lgan vaqtinchalik qilingan qaror

paper - qog'oz

piece/sheet of paper - parcha qog'oz

(present/write/etc) a paper on - biror aniq mavzu haqida tadqiqot olib bormoq

(put sth) on paper - nimanidir yozib olish

paper over (the cracks) - yashirmoq(muammolarni)

not worth the paper it's written/printed on - qilingan harakatlarga arzimaydi

paper round - gazeta yetkazib berish

paper qualifications - sertifikat turlari

paperwork - yozma ish

pen - ruchka

put pen to paper - yozishni boshlamoq

the pen is mightier than the sword - yozish harakatlardan ustunroq (idiom)

pen-pusher - zerikarli qog'oz ishlari kasbi

pen friend/pal - yozishib turadigan do'st

print - chop etmoq

print on - ...da chop etmoq

print in - ...ga qo'shib chop etmoq

in print - hali chop etilmagan

out of print - nashrda emas

read - o'qimoq

read sb's mind - fikrlarini o'qimoq

read sb like a book - fikrlarini oson tushunmoq

read between the lines - vaziyatni aytilmasdan tushunib olmoa

read sb's lips - e'tibor bilan tinglamoq

take sth as read - isborlarsiz biror nima to'g riligini qabul qilish

a good/ depressing/etc read - o'qiganda rohatlanadigan/tushkunlikka tushiradigan

record - rekord

keep/maintain/compile a record (of) - rekordni ushlab turmoq

set/put the record straight - nctc'g'ri tushunchani to'g'irlamoq

on record - yozib olinish

on the record- yozib olinish

off the record - yozib olinmagan

say - aytmoq

have your say - gapini aytmoq(navbati kelganda)

(have) the final say - oxirgi gap ni aytmoq)

go without saying (that) - ...ni aytmasdan ketmoq

say the word - gapni aytmoq

can't say fairer than that - bundan ortiq adolatli bo'la olmaslik

say your piece - fikrini aytmoq

a horrible/stupid/strange/etc thing to say - aytishga qo'rqinchli/ahmoqona/g'alati bo'lmoq

speak - gapirmoq

speak well/highly/badly/ill of - tanqid qilmoq, kimdir haqida yaxshi/yomon gapirmoq

speak for yourself - o'zining fikrlarini aytmoq

speak your mind - nimani o'ylagan bo'lsa shuni gapirmoq

speak out of turn - navbatdan tashqari gapirmoq

not sth to speak of - gapirishga arzimaslik

so to speak - boshqacha qilib aytganda

speaking - gapirish

broadly/generally speaking - umuman olganda

on speaking terms - bahsdan keyingi yaxshilangan munosabat

speaking of - ...haqida gapirmoq

speaking as - ...dek gapirmoq

talk - gaplashmoq

talk sb into / out of (doing) - kimnidir nimadir qilishga yoki qilmaslikka ko'ndirmoq

talk your way into / out of (doing) - nimadir qilishingizga yoki qilmasligingizga odamlarni ko'ndirish

talk sense into - ishonarliroq qilib aytmoq

talk the same language as - kimnidir yaxshi tushunmoq

have a talk (with) - (bilan) gaplashmoq

be all/just talk - shunchaki gapirib bajarmaslik

the talk of - ...haqida suhbat

talk is cheap - asossiz gap

tell - aytmoq

tell the truth / a lie - haqiqatni/yolg'on gapirmoq

tell yourself (that) - o'zingizga aytmoq

tell the difference (between) - ... o'rtasidagi farqni aytmoq

tell the time - soatni aytmoq

tell it like it is - to'g'risini aytmoq

there's no telling - aniqlab bo'lmaslik

you're telling me - fikriga to'liq qo'shilish

that would be telling - sirni aytishni xohlamaslik

understanding - tushuncha

come to / reach an understanding - tushuncha hosil qilmoq

have an understanding (with sb) - kelishuv qilmoq

an understanding of - ...ning tushunchasi

on the understanding (that) - ...ni qabul qilmoq

word - so'z

put in a (good) word for sb - kimdir haqida yaxshi gaplarni aytmoq

(have) a word with sb (about) - ...haqida gaplashmoq, bahslashmoq

spread the word - ma'lumot ulashmoq

put words in sb's mouth - boshqa narsani taklif qilmoq

give/ say the word - gapni aytmoq

from the word go - eng boshidan

word of mouth - og'zaki

in other words - boshqacha qilib aytganda

write - yozmoq

write for a magazine/etc - gazetaga yozmoq

have sth / be written all over your face - nima demoqchiligi yuzida aniq bo'lmoq

nothing to write home about - noodatiy bo'lmaslik

writer's block - yozishda to'xtab qolish holati

big mouth - katta og'iz(sir saqlashni bilmaydigan kishi)

come clean(about smth) – haqiqatni aytmoq(yashirin bo'lgan narsa haqida)

get/catch smb's drift – tushunmoq

get smth off your chest – aytmoq, gaplashmoq(anchadan beri sizni xavotirga qo'ygan)

get the wrong end of the stick – noto'g'ri tushunmoq

give smb your word – vada bermoq

(hear smth) on/through the grapevine – eshtishimcha, aytishlaricha(asossiz narsa)

keep smb posted – xabardor qilmoq, xabar bermoq

keep smth under your hat – sir saqlamoq

lay/put your cards on the table - ochiqchasiga aytmoq(nima qilmoqchiligini yoki maqsadini speak volumes – malumot bermoq(kishining yuzi, ko'zi, muomalasi u haqida aytishi)

tell tales – kimnidir kimgadir chaqib bermoq

declare - e'lon qilmoq

declaration - bayonot

declared - e'lon qilingan

undeclared - e'lon qilinmagan

edit - tahrir qilmoq, tekshirmoq, tahlil qilmoq

edition - nashr

editor - muharrir

editorship - muharrirlik

edited - tahrirlangan

unedited - tahrirlanmagan

editorial - 1) bosh maqola, 2) tahrirga oid

editorially - tahririy jihatdan

exclaim - xitob qilmoq, undamoq

exclamation - xitob, undov

exclamatory - undovni bildiruvchi, xitobli

express - ifodalamoq, tasvirlamoq

expression - ifoda

expressiveness - ifoda

expressionism - ifodalash,ekspressionizm

expressionist - ifodalovchi

expressive - ifodali

expressively - ifodali qilib, ma'nodor

expressionless - beziyo

expressionlessly - ifodasiz

hear - eshitmoq

overhear - quloq solmoq

hearing - eshitish

hearsay - ovoza, mish-mish

imply - nazarda tutmoq, ko'zda tutmoq

implicate -jalb qilmoq

implication - tub ma'no

implicit - ochiq ifoda qilinmagan, lekin ko'zda tutilgan

implicitly - so'zsiz,so'roqsiz

insist - qat'iy talab qilmoq

insistence - qat'iylik

insistent - qat'iy

mean - anglatmoq

meaning - ma'no

meaninglessness - ma'nosizlik

meaningless - ma'nosiz

meaningful(ly) - ma'noli

phrase - 1) so'z birikmasi, 2) ifodalamoq

rephrase - qayta ifodalamoq

paraphrase -aytib bermoq

phrasing - ifodalamoq

phraseology -frazeologiya

print - chop etish

reprint - qayta nashr qilmoq

printing - bosib chiqarish

printer - printer, matbaachi

printout - komputerdan qog'ozga ko'chirib olingan ma'lumot

imprint - tamg'a bosmoq

printed - bosib chiqarilgan

(un)printable - bosma uchun (emas)

public - jamoat, omma

publicise - e'lon qilmoq, ovoza qilmoq

publicity - reklama, oshkoralik

publication - nashr, nashr qilish

publicist - publitsist

publicly - ommaviy ravishda

say - aytmoq

gainsay - rad qilmoq

saying - maqol, matal

unsaid - aytilmagan

speak - gapirmoq

spoke - gapirdi

speech - nutq

speaker - notiq, gapga usta odam

spokesman / men / woman women/person/people - nutq so'zlovchi (erkak, ayol.......)

outspokenness - oshkoralik

(un)spoken - aytil(ma)gan

speechless - soqov, indamas

unspeakable - ta'riflab bo'lmaydigan

unspeakably - qila oladigan darajada

outspoken(ly) - samimiy, ochiq(chasiga)

state - mamlakat, izhor qilmoq

restate - qayta ayting

overstate - orttirib yubormoq

understate - kichraytirib ko'rsatmoq, kamsitmoq

statement - bayonot

understatement - kamaytirib gapirish

overstatement - ortiqcha gap

understated - kamaytirilgan

overstated - orttirib yubormoq

suggest - taklif qilmoq

suggestion - taklif

suggestibility - taklif qilish imkoniyati

suggested - taklif qilingan

suggestive(ly) - eslatuvchi

suggestible - taklif qilish mumkin

talk - suhbat

talker - gapiruvchi

talkie - ovozli kino

talkback - suhbat

talkative - sergap

type - shrift,bosmoq

typeset - yozuv to'plami

typecast - matn terish

typify - timsoli bo'lmoq

typist - yozuv mashinasida ishlovchi

typewriter - yozuv mashinkasi

typeface - shrift

typesetting - matn terish

typesetter - harf teruvchi

typescript - yozuv yozuvi

typewritten - mashinkada yozilgan

typical(ly) - odatiy (odatda)

word - so'z

reword - qayta so'zlash

(re)wording - (qayta) tahrirlash

wordplay - (qayta)tahrir qilish

wordy - ortiqcha so'zlari ko'p, cho'zilib ketgan

(re)worded - (qayta)ifodalangan

wordless(ly) - so'zsiz

write - yozmoq

rewrite - qaytadan yozmoq

(re)wrote - qayta yozgan

(re) written - qaytadan yozmoq

writing (s) - insho(lar), yozma narsa(lar)

writer - yozuvchi

unwritten - yozilmagan, toza

Destination C1&C2

Unit 12. Chance and nature

approximate - taxminan xisoblamoq, taxminan

ascribe - deb hisoblamoq

assign - kimnidir nimadir qilish uchun biror joyga jo'natmoq/tayinlamoq

attribute - ...ning natijasi deb ishonmoq

blow - zarba

cause - sabab, sabab bo'lmoq, kelib chiqmoq

coincidence - to'g'ri kelish (2 voqea bir vaqtga)

curse - lanatlamoq, qarg'amoq, lanat, qarg'ish

deliberate - maslahatli, mushohadali

determine - aniqlamoq, belgilamoq

fate - taqdir, qismat

fluctuate - o'zgarib turmoq

foresee - oldindan bilmoq, oldindan ko'rmoq

freak - g'aroyibot, ajoyibot, g'alati, noodatiy

gamble - qimor o'ynamoq

haphazard - tasodifiy

hazard - tahlika, xavf

inadvertent - beparvo, etiborsiz

instrumental - yordamchi, ko'makchi (nimanidir bajarishda)

jinxed - omadsiz, shumqadam

likelihood - ehtimollik

lucky charm – tumor

meander - maqsadsiz aylanib yurmoq

mishap - muvaffaqiyatsizlik, ko'ngilsizlik

mutate - o'zgarmoq, mutatsiyaga uchramoq (biologic jihatdan)

odds - imkoniyat, ehtimollik

pick – tanlamoq, saralab olmoq

pot luck - maqsadsiz, rejasiz, tasodifan

random - tasodifiy

sign - belgi, iz

speculate - xisoblab ko'rmoq, taxmin qilmoq

spontaneous - o'z-o'zidan paydo bo'lgan, tashqi tasirsiz

startle - qo'rqitmoq, cho'chitmoq

statistics - statistika

stray - yo'lini yo'qotmoq

stray - adashib qolgan yoki uydan haydalgan uy hayvoni

stray - noto'g'ri, bevatan, vatansiz

superstition - xurofot, irim-sirim

transpire - sodir bo'lmoq

uncertainty - noaniqlik, mavhumlik

wobble - tebranmoq, chayqamoq

agriculture - qishloq xo'jaligi

appriciate - yuqori baholamoq, minnatdor bo'lmoq

catastrophe - falokat

crop - hosil

drought - qurg'oqchilik

evacuate - evaquatsiya

exploit - foydalanish, mehnatidan foydalanmoq

famine - ochlik, tabiy ofat

flood - suv toshqini

fossil fuels - qattiq yoqilg'i

global warming - global isish

greenery - issiqxona

habitat - tabiiy muhit, turar joy

harvest - xirmon yig'moq

hurricane - dovul

instinct - instinkt

natural disaster - tabiy ofat

resource - manba, zaxira

scarce - siyrak, noyob

spicies – tur

chance upon - tasodifan ko'rib qolmoq, topmoq

come across - tasodifan ko'rib qolmoq, duch kelmoq

cool down - sovub qolmoq, xotirjam bo'lmoq

cut back (on) - ta'minotni kamaytirmoq

die out - qirilib ketmoq

dig up - qozib chiqarmoq

dry up - qurimoq; yaroqsiz xolga kelmoq

get through - tugatmoq; qiyinchiliklarni yengib o'tmoq

heat up - isitmoq, isimoq

kill off - qirib tashlamoq

put down to - ...ga yoymoq

slip up - e'tiborsizlik tufayli xato qilmoq

spring up - paydo bo'lmoq

store up - yig'moq, g'amlab qoymoq

throw out - tashlab yubormoq

throw up - yangi narsa ishlab chiqarmoq

bet - tikish

bet smth on - biror narsaga tikish

make a bet(with sb) - kimdir bilan pul tikish

safe bet - xavfsiz tikish

certain - aniq

certain know - aniq bilish

say for certain - aniq ayting

certain to do - aniq bajarish

make certain - ishonch hosil qiling

certain of/about - haqida aniq

a certain (amount of sth) - nimaningdir aniq miqdori

chance - imkoniyat

take a chance(on) - imkoniyatdan foydalanish

leave to chance - tasodifga ishonish(omadga)

by chance - tasodifan

by any chance - tasodifan

the/sb's chances of (doing) - kimningdir bajarish imkoniyati

the chance to do - bajarishga imkoniyat

second chance - ikkinchi imkoniyat
last chance - oxirgi imkoniyat
pure/sheer chance - aniq imkoniyat
there's every/no chance that -
imkoniyat bo'lishi mumkin/mumkin
emas
dint - kuch, biror narsa ichidagi bo'sh
joy
by dint of - tufayli
disposal - utilizatsiya qilish
waste disposal - chiqindilarni
utilizatsiya qilish
at sb's disposal - kimningdir ixtiyorida
at the disposal of - ixtiyorida
find - topmoq
find yourself (doing) - o'zingizni toping
find sb doing - kimdir nimadir
qilayotganini bilib qolmoq
find sth difficult/interesting/etc - biror
narsani qiyin/qiziqarli deb topmoq
find your way - o'z yo'lini topmoq
green - yashil
green politics - yashil siyosat
green belt - yashil kamar
green(give sb) the green light - kimgadir
biror
greenhouse - parnik
the greenhouse effect - parnik tasiri
guess - taxmin
guess at - da taxmin
guess that - taxmin qilmoq
guess right - to'g'ri taxmin qilmoq
take/make/hazard a guess(at) - taxmin
qilmoq,taxminan tavakkal qilmoq
rough guess - qo'pol taxmin
lucky guess - baxtli taxmin
wild guess - xato tahmin/dalillarga
asoslanmagan
educated guess - nazariy taxmin
at a guess - taxmin
happen - sodir bo'lmoq
happen to do - sodir bo'ladi
it so happens that - hayratlanarlisi shuki

as it happens - hayratlanarli bo'lsada
lightning - chaqmoq
thunder and lightning - momaqaldiroq
va chaqmoq
a bolt/flash of lightning - chaqmoq
uchquni
struck by lightning - chaqmoq urmoq
at lightning speed - yorug'lik tezligida
luck - omad
push your luck - omaddan yuz o'girmoq
wish sb luck - omadli bo'lsak,
trust to luck - tavakkal qilmoq
bring you luck - omad kelishiga
ishonmoq
the luck of the draw - taqdir gardishi
a stroke/piece of luck - tasodifga
ishonish
as luck would have it - nasib qilsa
in luck - omadli bo'lmoq
with any luck - omad bilan
natural - tabiiy
completely/totally natural - hammasi
tabiiy
natural causes - tabiiy sabablar
natural ability - tug'ma qobilyar
natural resources - tabiiy manbalar
natural selection - hayvon va o'simliklar
yashab qilish va kuchlilarning saralanish
jarayoni
nature - tabiat
the nature of - manosida
by nature - jihatidan
in nature - tabiiyki
mother nature - ona tabiati
human nature - odam tabiati
second nature - fel-atvor
odds - ehtimollik
the odds of doing - ning ehtimoli
the odds are(that) - ehtimollik
the odds are in favour of/against -
ehtimoli shu tarafda yo aksincha
against all the odds - ehtimolga qarshi
rain - yomg'ir

rain hard/heavily - qattiq yog'moq
pour with rain - yomg'ir quyilmoq
heavy/light rain - og'ir/yengil yomg'ir
rainbow - kamalak
rainwater - yomgir suvi
caughter - yomgirda yuruvchi
caught in the rain - yomgirda aylanmoq
risk - tavakkal,xavf
risk sth on -nimagadir nisbatan xavfda
turmoq
risk doing - tavakkal qilmoq
risk one's life - birovni hayotini xavfga
quymoq
take a risk - tavakkal qilmoq
run the risk of -xavfda yurmoq
put sth at risk - xavfga quymoq
pose a risk to - xavf solmoq
the risk of - ning xavfi
at the risk of doing - nimadir qilish
xavfida
sun - quyosh
sun yourself - quyoshda
yurmoq/o'tirmoq
in the sun - quyoshda
sunbathe - quyoshda toblanmoq
sunlight - quyosh nuri
sunrise - quyosh chiqishi
sunset - quyosh botishi
sunshine - quyosh nuri
threat - tahdid
pose a threat(to) - tahdid solmoq
face a threat - tahdidga yuzlanmoq
under threat - tahdid ostida
threat of - tamaningdir tahdidi
idle threat - po'pisa
bomb threat - bomba bn tahdid
death threat - o'lim bilan tahdid
weather - havo
good/bad/etc weather - yaxshi/yomon
havo
freak weather - g'alati havo
in all weathers - hamma ob-havoda ham
under the weather - yomon kayfiyatda

weather forecast - ob-havo tafsiloti
weatherproof - ob havo tasir
qilmaydigan
wind - shamol
light/strong wind - yengil/kuchli
shamol
gust of wind - shamol kuchayishi
in the wind - bo'lish arafasida
winds of change - bir muncha muhim
o'zgarishlar
an act of God - tabiiy ofatlar
come rain or shine - har qanday holatda
down on your luck - omadi yurishmaslik
draw the short straw - eng yomonini
bajarmoq
have green fingers - o'simliklarni
o'stirishda yaxshi bo'lish
let nature take its course - o'z holga
qo'ymoq , tabiiy holicha qoldirmoq
no rhyme or reason - hech qanday sabab
yoki tushuntirish yo'qligini ta'kidlash
out of the blue - birdaniga, osmondan
tushganday (oldin sodir bo'lmaganday)
the luck of the draw - insonlar boshiga
keladigan ishlarni nazorat qila olmaydi
touch wood - omadli inson,
omadsizlikka to'sqinlik qiluvchi omadi
bor inson
assess - baholamoq, soliq ni aniqlamoq
reassess - qayta baholang
(re)assessment - (qayta)soliq solish
assessor - xalq maslahatchisi
assessed - baholandi
instinct - instinkt
instinctive(ly) - beixtiyor
cause - sabab, sabab bo'lmoq
causation - sabab bo'lish
causal - sabab bilan bo'ladigan
causative - sabab bilan bo'ladigan
intend - niyat qilmoq, xohlamoq
intention - niyat
(un)intended - yo'naltiril(ma)gan
(un)intentional - maqsadli(siz)

intentionally - qasdan
conserve - saqlamoq
conservation - saqlash
conservationist - tabiatni muhofaza qilish mutaxassisi
conservatism - tabiatni muhofaza qilish
conservative(ly) - eskilik tarafdori
mount - tepalik, ko'tarilmoq
surmount - bardosh bermoq
mountain - tog'
mountaineer(ing) - alpinist(alpinizm)
(in)surmountable - engib o'tish mumkin(emas)
mountainous - tog'li
ecology - ekologiya
ecologist - ekologiya mutaxassisi
ecological(ly) - ekologiyaga oid
mystery - sir, maxfiy narsa
mystify - o'ylantirib qo'ymoq
mystification - ajablantiradigan
mysterious(ly) - sirli
elude - qochmoq
elusiveness - tutib bo'lmaydiganlik
elusive - tutqich bermaydigan
elusively - qiyinchilik bilan
occur - uchramoq, sodir bo'lmoq
recur - qaytmoq
occurrence - voqea, hodisa
recurrence - takrorlanish
recurring - qaytmoq
recurrent - takrorlanib turadigan, davriy
erode - o'ymoq, yemirmoq
erosion - yemirilish
erupt - otilib chiqmoq
eruption - otilish
probable - ehtimol
(im)probability - ehtimollik
improbable - aqlga to'g'ri kelmaydigan
(im)probably - ehtimol
extinct - o'chgan
extinction - o'chirish
risk - xavf
risky - xavfli

favour - marhamat
favouritism - afzallik
favourite - sevimli
(un)favourable - qulay
(un)favourably - ijobiy
seem - tuyulmoq
seeming(ly) - tuyuladigan
threat - tahdid
threaten - tahdid solmoq
threatened - xavf ostida
threatening(ly) - dag'dag'a
fortune - boylik
misfortune - baxtsizlik
(un)fortunate(ly) - baxtiga(qarshi)
fortuitous(ly) - tasodifiy
wild - yovvoyi
wilderness - sahro
wildlife - jonli tabiat
wildness - vahshiylik
wildly – olazarak

Destination C1&C2
Unit 14. Quantity and money
abundant - serob
ample - yetarli, mo'l ko'l
area - maydon
average - o'rtacha
batch - bir guruh odam yoki narsa
bulk - hajm sig'im
considerable - ulkan,yirik
countless - hisobsiz,sanoqsiz
dimension - uzunlik, balandlik, kenglik
diminish - kamaytirmoq
equation - tenglama
equidistant - teng masofada joylashgan
expand - kengaytirmoq, ko'paytirmoq
extent - uzaytirmoq, cho'zmoq
finite - cheklangan
force - kuch
fraction - kasr, bo'lak
heap - uyum, uymoq
imbalance - mos emaslik
immense - cheksiz

intensity - g'ayrat, kuchaytirish
magnitude - ahamiyatlilik, muhimlik
major - asosiy,muhim
mass - ko'p
meagre - foydasi kam, unumsiz
minor - ozgina, biroz
minute - juda kam
multiple - ko'p sonli, ko'paytma
proportion - ulush, proportsiya
quantify - hisoblamoq
rate - ko'rsatkichi,ko'rsatmoq
ratio - mutanosiblik, proportsiya
ration - no'rma qo'ymoq
shrink - kirishmoq
sufficient - kifoya, yetarli
sum - summa, miqdor
uneven - notekis, toq
vast - bepayon
volume - ko'lam
widespread - keng tarqalmoq
benefit - foyda
compensation - kompensatsiya
damagaes - zararni qoplaydigan pul
debt - qarz
deduct - ayirmoq
deposit - vznos
direct debit - bank hisobdagi pulni
muntazam to'lov qilish orderi
dividend - divident
down payment - oldindan yarim to'lov
finance - moliya, ta'minlamoq
insurance - sug'urta
interest - foyda, manfaat,foiz
investment - sarmoya
lump sum - to'liq to'lov
mortgage - ipoteka
overdraft - mikrokarz(hisobida pul
qolmaganda bankdan olingan)
pension - nafaqa
share - ulush, qism
speculate - olibsotarlik qilmoq,
chayqovchilik qilmoq
withdraw - pulni yechib olmoq

add up to - qo'shmoq (qo'shib natija
chiqarmoq)
break down - bo'lmoq (miqdorni,
foydani)
build up - ko'paytirmoq, oshirmoq;
maqtamoq; boqmoq (ovqat b-n)
buy off - pora berib sotib olmoq
buy out - sotib olmoq (butun ulushning
barchasini)
buy up - qurbi yetganicha sotib olmoq
carry over - shu yil topgan pulni keyingi
yilga o'tkazmoq
clock up - ma'lum bir miqdorga
yetishmoq
club together - pul yig'moq (jamoa b-n)
drum up - o'ziga jalb qilmoq
mount up - oshmoq, ko'paymoq
pay back - qarzni qaytarmoq
pay out - ko'p pul sarflamoq
size up - xulosa chiqarmoq
take away - ayirmoq (miqdor)
weigh down - og'ir ahvolga tushirmoq
length - uzunlik
go to great/any/etc lengths -
tirishqoqlik bilan harakat qilmoq
run the length (and breadth) of -
egallamoq
of(in) equal length - bir xil uzunlikda
in length - uzunlikda
(for any) length of time - davomiylik
vaqti
at(some/great) length - yotig'i bilan
load - yuklamoq
load sth with/into - nimanidir
qayergadir yuklamoq
take a load off (your feet) - o'tirib dam
olmoq
a(whole) load of - bir talay
load of - bir talay(negativ)
a heavy load to bear/carry - og'ir yuk
long - uzun
take a long hard look at - uzoq vaqt
tikilib turmoq

at long last - va nihoyat

long way - uzoq masofa

in the long run/term - uzoq kelajakda

long time no see - ko'rishmaganimizga
ham ancha bo'libdi

as/so long as - toki...

long-distance - uzoq masofa

all day/week/etc long - kun bo'yi

lot - ko'p

that's your lot - haqqing tugadi

have a lot on - judayam band bo'lmiq

lots of - ko'p

a lot of - ko'p

an awful lot - ko'p

a lot on your mind - tashvishga ko'milib
qolmoq

the lot - ko'p

sb's lot(in life) - qismat

money - pul

make/earn/spend/cost/etc money - pul
topmoq/ishlab
topmoq/sarflamoq/turmoq

get your money's worth - biror xizmati
uchun haq olmoq

put your money where mouth is -
nimanidir qo'llab-quvvatlamoq

pay good money for - yaxshi haq
to'lamoq

made of money - o'ta boy

for my money - fikrimcha

pay - to'lamoq

pay dearly for - tovon to'lamoq

pay sb a compliment - kimnidir
maqtamoq

pay your way - o'ziga o'zi to'lamoq

pay your (last) respects to - tashrif
buyurmoq

pay the penalty/price for - narxini
to'lamoq

it pays to - nimadir qilishda manfaat bor

pay rise - ish haqining oshishi

pay and display - parkovka qilish

pay freeze - ish haqi oshishining
to'xtashi

take-home pay - kimningdir ushlab
qolingan oyligidan qolgani

poor - kambag'al

(come) a poor second - sifati pastroq

poor loser - yutqazganda jahli
chiqadigan kishi

poor girl/boy/etc - bechora bola/qiz

poor relation - o'ziga o'xshagan
yomonlarga qaraganda yomonroq

a poor man's sth - sorti past narsaga
nisbatan

rich - boy

rich in - judayam boy bo'lmoq

filthy/stinking rich - o'ta boy

rich and famous - boy va mashhur

(the) rich and (the) poor - boy va
kambag'allar

share - yubormoq, jo'natmoq

share with/between/among -
kimningdir o'rtasida nimanidir baham
ko'rmoq

share and share alike - boshqalar bilan
bir xil bo'lishmoq

share in/of - nimadadir qatnashmoq

shareholder - aksiyador

share index - aksiya indeksi

share option - umumiy bo'lishish

share-out - nimanidir bo'lishloq

short - kalta, qisqa

(run) short of - nimadir kamaymoq

(have a) short temper/fuse - jahli tez

drow/get the short straw - eng baxti
qarosi

make short work of - nimanidir osonlik
bilan tugatmoq

a shot while/period/spell - qisqa
muddat ichida yoki keyin

at short notice - qisqa muddat ichida

short and sweet - qisqa va lo'nda

shortlist - tanlab olinganlar ro'yxati

size - hajm

that's about the size of it - biror bir
fikrga qo'shilmoq
cut sth to size - kerakli o'lchamga
keltirmoq
in size - o'lchami
full size - orginal o'lcham
size of - nimaningdir o'lchami
downsize - qisqartirmoq
small - kichik
fell/look small - kichina ko'rinmoq
(it's a) small world - kichkina dunyo
in a/some/no small way - kichik hajmda
with a small 'c'/etc - muhim emas
small change - kichik o'zgarish
small house - kichkina uy
small screen - kichik ekran
small talk - erkin suhbat
thin - ozg'in
have a thin skin - arazchi
skating on thin ice - qil ustida
out of/into thin air - xavfli narsani qilish
thin on the ground - kamyob
thin on top - tepa kal
weak - kuchsiz
weak at the knees - hayajon ostida
weak on - ojiz bo'lmoq nimagadir
on weak ground - qil uchida(buzilish)
weak argument - kuchsiz tomon
weak point/spot - ojiz nuqta
weak-willed - tushkunlikka tushgan
a drop in the ocean - juda oz miqdorda
break even - agar biror kishining biznesi
sinsa u na foyda oladi, na pul yo'qotadi
fall short - maqsadga erisha olmaslik
fifty-fifty - teng
go halves (with sb) - teng bo'lishib
to'lamoq
it's as broad as it's long - ikki narsadan
birini tanlay olmaslik
keep up with the Joneses -
qo'shningizdek boy, omadli... bo'lishga
harakat qilish
knee-high to a grasshopper - juda yosh

line your pocket(s) - nohaq yo l bilan
boyimoq
lock, stock and barrel - bir narsaning
barcha qismi bor
six of one (and) half a dozen of the other
- ikki narsa ham yaxshi ham yomon
deyishda ishlatiladi
tidy sum/amount - katta pul yoki
miqdor
add - qo'shmoq
addition - qo'shish, yangi a'zo
addendum - ilova, qo'shimcha
addenda - qo'shimchalar
additive - ma'lum bir maqsadda
qo'shiladigan narsa, qo'shimcha
additional(ly) - qo'shimcha (ravishda)
benefit - foyda, foyda qilmoq
beneficiary - foidalanuvchi
beneficial(ly) - foydali
brief - xulosa qilmoq, qisqacha xulosa
debrief - so'ramoq, surishtirmoq
(de)briefing - brifing
brevity - qisqalik
briefs - xronikasi
briefly - qisqacha
broad - keng
broaden - kengaytirmoq
breadth - nafas, nafas olish
broadly - keng
consider - deb bilmoq
consideration - fikr
considered - hisobga olingan
considering - -ni hisobga olganda
(in)considerable - ahamiyatli (emas)
considerably - anchagina
deep - chuqur
deepen - chuqurlashmoq
depth - chuqurlik
deeply - chuqur tarzda
distant - uzoq, olis
(equi)distance - (teng) masofa
equidistant - teng masofada joylashgan
(equi)distantly - teng masofada

draw - chizmoq

withdraw - chekinmoq

withdrew - chekingan

drew - chizdi

drawn - chizilgan

withdrawal - qaytarib olish

drawing - chizmachilik, surat

overdraft - kreditning oshishi

overdrawn - qarzdor

withdrawn - tutashgan

extend - cho'zmoq

extent - masofa

extension - kengaytirish

(un)extended - kengay(ma)gan

extensive(ly) - keng (ravishda)

finite - cheklangan, shaxsga oid

infinity - cheksizlik

infinitive - noaniq, infinitiv

infinite(ly) - cheksiz (ravishda)

infinitesimal(ly) - abadiy (tarzda)

high - yuqori, baland

heighten - ko'tarmoq

highlight - katta ahamiyat bermoq

height - balandlik

highness - balandlik, tepalik, zodagonlik

heightened - ko'tarilgan

highbrow - aql-idrok egasi, bilimdon

highly - juda

large - katta

enlarge - kengaytirmoq, kengaymoq

enlargement - kengaytirish

largely - ma'lum darajada

long - uzun

prolong - uzaytirish, cho'zmoq

lengthen - uzaytirmoq

length - uzunlik

longevity - uzoq umr

longhand - qo'li uzun

longing(ly) - orzu

longwinded - uzundan-uzun

lengthy - juda uzun

prolonged - uzaytirilgan

lengthways - uzunasiga

lengthwise - uzunasiga, bo'ylamasiga

lot - ancha

allot - taqsimlamoq

allotment - taqsimlash, ijaraga beriladigan yer maydoni

magnify - ko'paytirmoq

magnificence - dabdaba, hashamat

magnification - kattalashtirish

magnificent(ly) - ajoyib, hashamatli

magnifying - ko'paytirmoq, kattalashtirib ko'rsatmoq

major - muhim, katta

majority - aksariyat

majorette - mayor

minor - uncha ko'p bo'lmagan, ozgina

minority - ozchilik

pay - maosh, to'lamoq

overpay - ortiqcha to'lov

underpay - juda oz oylik to'lamoq

repay - qarzni to'lamoq

overpayment - ortiqcha to'lov

underpayment - kam to'lov

(re)payment - pulni qaytarish, to'lov

payback - to'lov

payee - oluvchi, qabul qiluvchi

payer - to'lovchi

payload - foydali yuk

payoff - to `lamoq

payout - to'lov

payroll - to'lov vedomosti

payslip - ish haqi varaqasi

overpaid - ortiqcha to'langan

underpaid - kam to'langan

payable - to'lanadigan

portion - ulush, ovqatning bir kishiga mo'ljallangan miqdori

apportion - tasniflashning ajratib

weigh - tarozida tortmoq

weight - vazn

weightlifter - tosh ko'taruvchi polvon

weightlifting - tosh ko'tarish

weighting - tortish

overweight - ortiqcha vaznli

underweight - kam vazn
weighted - vaznli
weightless - og'irligi yo'q
weighty - og'ir

BRIEF INFORMATION ABOUT THE AUTHOR:

USMONOV MAKHSUD
"Student of the Year", "Scholarship of the Ministry of Information Technology and Communications Development", winner of the "Mard o'g'lon" state award. Master of National University of Uzbekistan named after Mirzo Ulugbek.
Phone: +998919471340, +998 50 713 17 16. Email: maqsudu32@gmail.com